D1258493

« tiré à part »
collection dirigée
par
Jean-Pierre Cometti

LA PHÉNOMÉNOLOGIE ÉCLATÉE

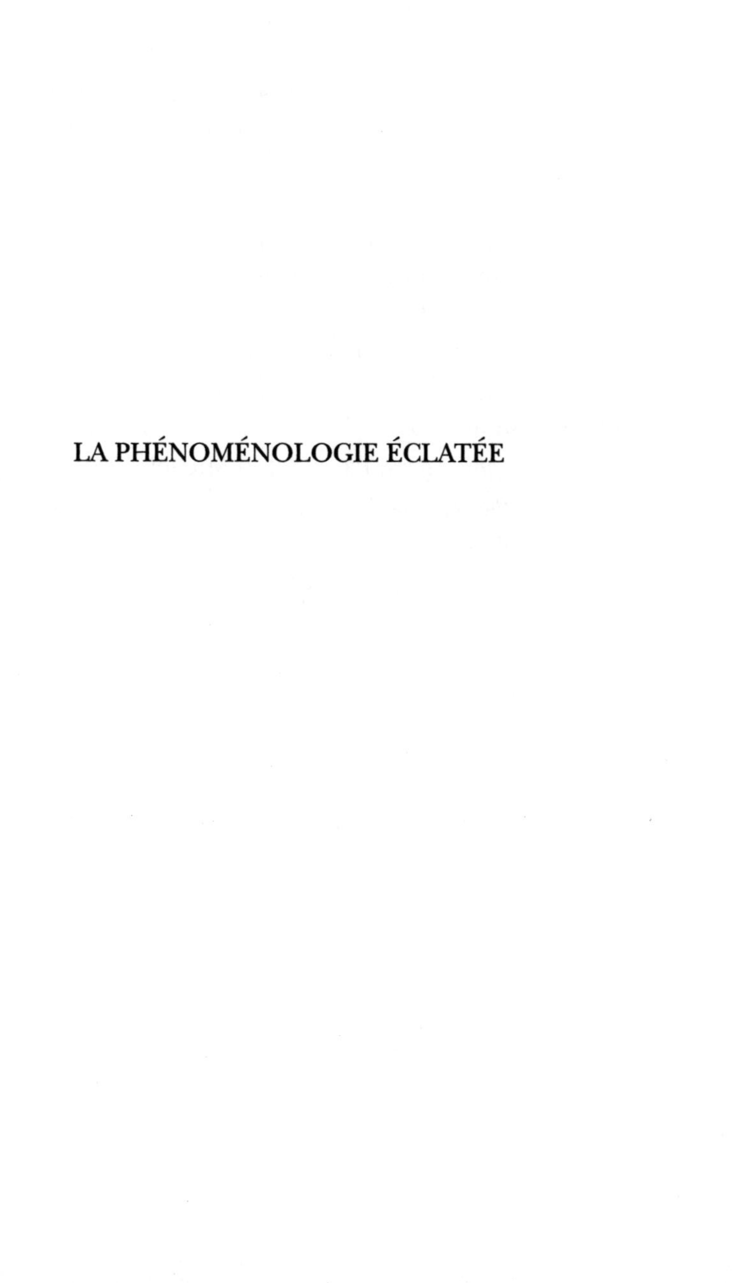

DU MEME AUTEUR

Une généalogie du spiritualisme français, La Haye, Nijhoff, 1969 (deuxième édition sous le titre : *Ravaisson et la métaphysique*, Paris, Vrin, 1997)

Hegel et le destin de la Grèce, Paris, Vrin, 1975.

La métaphysique à la limite. Cinq études sur Heidegger, Paris, Presses Universitaires de France, 1983 (en collaboration avec Jean-François Mattéi).

La puissance du rationnel, Paris, Gallimard, 1985

L'ombre de cette pensée. Heidegger et la question politique, Grenoble, Millon, 1990.

À nouveau la philosophie, Paris, Albin Michel, 1991

Le tournant théologique de la phénoménologie française, Combas, L'éclat, 1991.

Chronos, Pour l'intelligence du partage temporel, Paris, Grasset, 1997.

DOMINIQUE JANICAUD

LA PHÉNOMÉNOLOGIE ÉCLATÉE

« TIRÉ À PART »

ÉDITIONS DE L'ÉCLAT

à Clacla, vrai phénomène

I
DE LA POLÉMIQUE AU DÉBAT

Deux constats presque antithétiques sont à l'origine de ce nouvel essai sur la phénoménologie d'expression française.

D'une part, tout en étant la cible de vives critiques méthodologiques[1], les recherches phénoménologiques manifestent un véritable foisonnement qui ne peut qu'encourager l'interprète à s'enquérir des formes de cette surprenante vitalité et à s'interroger sur ses raisons.

D'autre part, cette créativité qui se réclame de l'inspiration phénoménologique avec des bonheurs évidemment inégaux se déploie dans des directions fort divergentes. Les analyses proposées naguère dans *Le tournant théologique de la phénoménologie française*[2] et dans *La philosophie en Europe*[3] se trouvent

---

1. De Gilbert Ryle à Vincent Descombes plus récemment, on n'a pas manqué de souligner à la fois l'ambiguïté des concepts-clés de la phénoménologie et le flou de son programme de travail, ouvrant la voie à bien des déplacements et des dérives. Les critiques de Descombes seront examinées au chap. 2. Sur la position de Ryle, plus complexe que ne le laissent supposer des formules isolées de leurs contextes, on consultera avec profit l'excellente livraison des *Recherches husserliennes,* Facultés Universitaires Saint-Louis, Bruxelles, 1997, vol. 7.

2. Dominique JANICAUD, *Le tournant théologique de la phénoménologie française,* Combas, éditions de l'éclat, 1991.

3. Dominique JANICAUD, « Rendre à nouveau raison ?», *La philosophie en Europe,* sous la direction de Raymond KLIBANSKY et David PEARS, Paris, Gallimard, coll. Folio-Essais n° 218, 1993, pp. 156-193. On notera que ce rapport, répondant à une commande de l'Institut International de Philosophie, a été rédigé plus de trois ans avant sa publication. D'autre part, il se bornait à analyser la production philosophique française des dix années 1979-1989. La phénoménologie y était abordée aux pages 175-181 sous le titre : « Une phénoménologie théologique ?».

ainsi à la fois confirmées et débordées. Elles semblent en effet avoir été dans une large mesure confirmées ; mais, pour éviter de se faire juge et partie, on se bornera à en donner un témoignage clair et aussi impartial que possible.

Ces analyses sont également débordées, dans la mesure même où une réflexion sérieuse sur la méthode en phénoménologie entraîne en une série de réactions en chaîne une remise en perspective de l'ensemble de la phénoménologie, de ses intentions et de ses fins. Le « tournant théologique » est-il dissociable d'autres inflexions (méthodologiques, ontologiques, existentielles, critiques) dont certaines étaient déjà présentes, fût-ce à titre de traces ou de virtualités, dans l'œuvre de Husserl ?

Une double contrainte en résulte : ne pas laisser s'éteindre le nécessaire débat sur les exigences méthodologiques de toute phénoménologie digne de ce nom ; ne pas s'enfermer dans une polémique qui, pour avoir eu sa part de légitimité, risque de devenir stérile en se bornant à ferrailler dans un canton relativement limité. Cette double contrainte, tout en délimitant une situation délicate, ne rend peut-être pas la tâche impossible, à condition que quelques précautions soient prises.

De fait, il faut éviter un *remake* qui aurait inévitablement un goût de déjà vu. Le retour de Tarzan est toujours moins exaltant que sa première sortie de la jungle. Dans les pages qui suivent, on a voulu faire autre chose que de revenir sur le déjà dit en démontrant qu'on avait raison sur toute la ligne. Le lecteur jugera si l'auteur a réussi à ne pas se borner à réchauffer un plat datant déjà de sept ans. Revenir au *Tournant théologique* étant apparu en effet tout à la fois nécessaire et insuffisant, il peut être utile et instructif de réexaminer au moins quelques points importants que les discussions sur cet essai avaient réussi à dégager. Ce petit livre a sans doute été perçu comme plus polémique qu'il ne l'était vraiment. Si quelques passages avaient effectivement un caractère quelque peu corrosif, l'essentiel ne se situait certainement pas là. Le but du *Tournant* était de dépoussiérer un peu les études phénoménologiques et de susciter un débat sur la méthode dans ce domaine. Ce débat a-t-il eu lieu ? Il a été, du moins, entamé. Mais on peut aussi déplorer qu'on s'en soit trop souvent tenu à l'étiquette du « tournant théologique » en négligeant ce qui se voyait mis en cause à travers elle : une conception trop confiante ou même excessivement présomptueuse du « possible » de la phénoménologie (et du même coup une pratique trop unifiée, trop disciplinaire, impérieuse et quasiment impérialiste de LA phénoménologie).

Sans doute, en toute rigueur, l'épithète « théologique » aurait-elle dû être placée entre guillemets, puisqu'elle était utilisée ironiquement et presque par prétérition. À aucun moment je n'ai prétendu que les phénoménologues critiqués étaient devenus, au sens strict ou technique du terme, des théologiens[4], ni comme exégètes de la Révélation ni comme s'ils professaient directement une théologie, rationnelle ou mystique. Si j'ai utilisé une fois[5] l'expression « nos nouveaux théologiens », c'est évidemment *cum grano salis*. Le sens littéral eût ôté tout le sel de l'affaire qui consistait justement en ce que le tournant subreptice vers l'Autre, l'archi-originaire, la donation pure, etc. se produisait au sein même des prétentions phénoménologiques les plus affirmées.

S'agissait-il d'un tournant plus religieux que théologique[6]? Tel est bien en effet l'esprit du livre récent de Michel Henry, *C'est moi la vérité,* mais – outre qu'il n'avait pas paru en 1991 – il n'eût pas été approprié de qualifier de religieux les premiers écrits de cet auteur. De façon comparable, Emmanuel Lévinas a tenu à maintenir une nette différence entre ses écrits philosophiques et, par exemple, ses *Lectures talmudiques* [7];

---

4. En m'objectant, lors de la discussion du 4 avril 1992 au Collège International de Philosophie : « Je ne connais rien à la théologie », Michel Henry détournait l'attention du cœur du débat, diversion qui lui permettait de ne pas prendre sérieusement en considération les objections qui lui avaient été faites.

5. À la p. 84 du *Tournant théologique.*

6. Comme l'ont suggéré Raymond KLIBANSKY et David PEARS (*La philosophie en Europe, op. cit.*, pp. 12-13).

7. Voir Emmanuel LÉVINAS, *Quatre lectures talmudiques,* Paris, Éditions de Minuit, 1968 ; *L'au-delà du verset. Lectures et discours talmudiques,* Paris, Éditions de Minuit, 1982. Comme le présent essai porte surtout sur les développe-

et il en est de même, toutes proportions gardées, pour Marion : *Réduction et donation* n'est certainement pas un livre religieux, ni au sens dogmatique, ni par le rayonnement d'une spiritualité (cette dernière éventualité n'étant, en revanche, pas à exclure pour la plupart des écrits de Jean-Louis Chrétien[8]).

Aurais-je seulement fait état d'un « tournant métaphysique », on eût été en droit de m'objecter que le cadre était trop large et restait passablement indéterminé. Métaphysique en quel sens ? Certes, Emmanuel Lévinas revendique l'élan de la métaphysique de Platon et de Descartes, mais d'autres sont plus soucieux d'explorer les ressources de l'immanence (Henry) ou tentent explicitement de se dégager de la métaphysique (Marion). Nos nouveaux phénoménologues sont-ils tous métaphysiciens *au même titre et au même degré* ? Répondant négativement à cette question, il était logique et salutaire de s'abstenir de tout amalgame et que la différence fût faite entre « métaphysique générale » et « métaphysique spéciale », distinction qui n'est peut-être pas inutile malgré son formalisme apparent.

À tout prendre, l'épithète « théologique » était-elle si impropre, à partir du moment où le contexte historique était délimité sans ambiguïté et où il était également clair que la question posée était celle de la méthode en phénoménologie, compte tenu des libertés prises par rapport à un « athéisme méthodologique » conséquent ? De plus, même si la connotation du « théologique » gardait une touche polémique, se révélait-elle si déshonorante ? Et n'entendait-elle

---

ments les plus récents du mouvement phénoménologique, on n'y reviendra pas sur les objections méthodologiques qui ont été présentées au chap. II du *Tournant théologique* et qui n'entendaient, d'ailleurs, nullement méconnaître la stature philosophique d'un authentique penseur. Lévinas lui-même a précisé : « Je fais toujours une distinction claire, dans ce que j'écris, entre les textes confessionnels et les textes philosophiques. Je ne nie pas qu'ils puissent finalement avoir une source d'inspiration commune. » (« De la phénoménologie à l'éthique. Entretien avec E. Lévinas », *Esprit,* Juillet 1997, p. 126).

8. On retiendra plus particulièrement, à cet égard, la phénoménologie poétique de la corporéité que J.-L. Chrétien dégage paradoxalement le mieux dans les belles pages où il affronte Nietzsche (voir *De la fatigue*, Paris, Éditions de Minuit, 1996, pp. 134-152).

pas soulever un problème jusqu'alors plus ou moins éludé par les auteurs en question ?

Au fond, personne – et pour cause – n'a pu vraiment contester qu'il y ait eu un tournant dans la phénoménologie française. Mais d'aucuns auraient préféré qu'on le qualifiât autrement ou peut-être qu'on ne le qualifiât point du tout. Chaque auteur aurait sans doute sa propre version d'un tournant décidément bien complexe. Inqualifiable ? Imaginons pourtant quelles eussent été les réactions si j'avais intitulé mon essai : *L'inqualifiable tournant de la phénoménologie française* !

Du bon usage de la polémique

Ce qui fut écrit il y a sept ans doit-il être prolongé, complété? Faut-il, au contraire, le corriger ? En fait, nous n'avons pas affaire à une alternative ; les deux termes sont compatibles et même complémentaires. Le *Tournant* établissait un bilan et entendait d'abord être une mise au point dans le domaine de l'histoire des idées contemporaines : à cet égard, il est toujours possible et souhaitable de se montrer plus précis, plus complet (et cette exigence s'impose à la mesure de l'incontestable vitalité du mouvement phénoménologique français ou d'expression française[9]). Une seconde intention venait corser l'entreprise : il s'agissait de contester la fausse évidence phénoménologique de pensées, certes inspirées et profondément philosophiques, qui semblaient cependant oublier (ou sollicitaient abusivement) les limitations ou exigences qui devaient garantir leur spécificité méthodologique. Cette tâche entraînait forcément l'exercice de la critique, voire de la polémique. Était-on allé trop loin dans cette direction[10] ?

La polémique n'a jamais été absente de la philosophie, y

9. S'en tenir à nouveau pour l'essentiel à l'aire francophone ne revient pas à méconnaître la vitalité et la diversité du mouvement phénoménologique hors de ces limites linguistiques, en particulier en Allemagne, en Italie, aux États-Unis et même en Grande-Bretagne.

10. Sans doute n'était-il pas opportun d'aller jusqu'à employer l'expression suivante, incontestablement trop polémique et partant injuste : « les spéculations ou les rêves de nos nouveaux visionnaires » (*Le tournant théologique..., op. cit,* p. 80).

compris chez les plus grands. Même après le déclin de la *disputatio* médiévale, Descartes, Leibniz, Kant – pour ne citer que les plus prestigieux – n'ont pas manqué de répondre ou d'objecter sur un ton parfois très vif. Que dire de Schopenhauer ou de Kierkegaard contre Hegel, de Marx contre Proudhon et Dühring ? Le problème n'est pas de savoir s'il faut polémiquer en philosophie, mais plutôt comment et à quel niveau. La polémique ne saurait être une fin en soi que pour un quelconque pense-menu n'ayant à se mettre sous la dent que les miettes du banquet philosophique. Elle n'entendait pas l'être, même dans *Le tournant théologique.*

On voit que « l'examen de conscience » a lui-même été double : « scientifique » et méthodologique. Cette réflexion personnelle a bénéficié des réactions, des remarques critiques et des discussions suscitées par le *Tournant* [11]. Profitant de ce recul et de tous ces échos, qui caractérisent un véritable dialogue et l'enrichissent, on tentera ici, au-delà d'un bilan de la « réception » du livre, de développer et de prolonger la discussion sur le sens, les possibles et les limites de la phénoménologie.

---

11. Citons la matinée organisée au Collège International de Philosophie, le 4 avril 1992, avec la participation de Jacques Colléony, Jean Greisch, Michel Haar, Michel Henry, Elisabeth Rigal et, d'autre part, le débat du 7 avril 1993 à la Faculté de philosophie de l'Université Catholique de Lyon, avec la participation d'Emmanuel Gabellieri, Xavier Lacroix, René Virgoulay. Voir aussi l'article d'Emmanuel GABELLIERI, « De la métaphysique à la phénoménologie : une *relève* ? », *Revue philosophique de Louvain,* nov. 1996, pp. 625-645. Cf. également Jacques COLETTE, « Phénoménologie et métaphysique », *Critique,* janvier 1993, pp. 56-76. À la p. 63 de cet article, J. Colette écrit que « D. Janicaud, 'lecteur perplexe' de Lévinas, aurait pu éprouver la même perplexité face à Hussserl lui-même ». Remarque admissible, à la condition de ne pas oublier d'une part que la notion de « tournant » s'ancrait, dans mon essai, à une situation bien précise de la phénoménologie *française,* d'autre part que l'inévitable et légitime perplexité philosophique ne saurait être exactement la même dans les cas de Husserl et de Lévinas : celui-ci déplace *explicitement* la méthode phénoménologique dans un sens métaphysique, alors que la « théologie » husserlienne – pour autant que ce concept fasse sens – serait à *décrypter* dans le retournement même de l'immanence de la subjectivité absolue. Dieu (y compris dans les inédits où apparaît le mot) reste un concept-limite d'une phénoménologie au sein de laquelle la mise entre parenthèses de toutes les transcendances et la « neutralisation » du regard ont été pratiquées avec une extrême rigueur.

Supposant connues les thèses du *Tournant théologique,* on se gardera de les répéter – fût-ce pour les résumer –, jugeant préférable de reprendre la discussion en tenant compte des plus significatives réactions, questions et objections – directes ou indirectes.

Une réplique indirecte nous retiendra d'abord. En 1992 parut un petit volume regroupant des conférences de Jean-Louis Chrétien, Jean-Luc Marion, Michel Henry et Paul Ricoeur[12]. Le *Tournant théologique* y est apparemment ignoré[13]. Au demeurant, le recueil vient clore un séminaire de deux années tenu à l'École Normale Supérieure sur « Phénoménologie et herméneutique de la religion », thème incontestablement différent et assurément plus ample que celui du statut méthodologique d'une partie de la phénoménologie française à partir des années 60. Un observateur avisé, Jocelyn Benoist, y a vu cependant (et sans être le seul à en faire la remarque) une réponse indirecte et symbolique au *Tournant :* « En 1992, un colloque organisé rue d'Ulm (« Phénoménologie et théologie ») répond symboliquement au pamphlet de Janicaud en réunissant de façon hautement significative Michel Henry, Paul Ricoeur, Jean-Luc Marion et Jean-Louis Chrétien. Collusion qui d'une certaine façon vérifie la thèse de Janicaud sur 'le tournant théologique de la phénoménologie française[14]'! »

En effet, l'auteur du *Tournant théologique* pouvait difficilement rêver d'obtenir une confirmation plus nette de sa thèse, du moins de la part de Jean-Luc Marion et de Michel Henry[15]. Le premier, à propos de ce qu'il nomme le « phénomène saturé », déclare paradoxalement que son concept de

---

12. *Phénoménologie et Théologie,* présentation de Jean-François COURTINE, Paris, Criterion, 1992.

13. Sauf en une brève allusion sous forme de dénégation, de la part de Jean-Luc MARION (*Phénoménologie et Théologie, op. cit.,* p. 122) sur laquelle nous allons revenir.

14. Jocelyn BENOIST, « Vingt ans de phénoménologie française », *Philosophie contemporaine en France,* Paris, Ministère des Affaires étrangères, 1994, p. 47.

15. Sans oublier Jean-Louis CHRÉTIEN dont le texte « La parole blessée » a pour sous-titre « Phénoménologie de la prière » et tient les promesses de ce sous-titre (voir *Phénoménologie et théologie, op. cit.,* pp. 41-78).

révélation « strictement phénoménologique » mène à « la théophanie, où le surcroît d'intuition aboutit au paradoxe qu'un regard invisible visiblement m'envisage et m'aime[16]»; le second, en son texte intitulé « Parole et religion. La parole de Dieu », sépare la parole du monde de la parole de la Vie et présente cette dernière comme la parole de Dieu, l'auto-affection éternelle de la Vie, dont le message est : « Vous êtes les Fils[17] !»

Cette confirmation joue, à l'inverse, pour Paul Ricoeur dont la contribution, « Expérience et langage dans le discours religieux[18]», analyse les difficultés d'une phénoménologie de la religion, surtout à propos du « texte polyphonique » biblique. Ce type d'enquête, précisant bien que le discours religieux une fois constitué comme tel peut être l'objet d'une phénoménologie, ne tombe pas du tout sous les critiques du *Tournant*, où justement la rigueur méthodologique de Ricoeur avait été reconnue et saluée.

Ces repères posés, il faut évidemment affiner l'analyse, en poussant la démonstration et en évitant de pratiquer l'amalgame entre deux auteurs bien différents l'un de l'autre, malgré leurs convergences. Alors que Jean-Luc Marion affiche un souci méthodologique d'autant plus strict qu'il se sait contesté sur ce terrain, Michel Henry ne craint pas de surenchérir avec superbe. L'un entend argumenter pour défendre son idée fort ambitieuse d'une phénoménologie comme philosophie première (ou « dernière »), l'autre assume le « tournant théologique » en allant encore plus loin dans le sens d'une phénoménologie chrétienne : c'est le cas dans son livre récent, *C'est moi la vérité* [19].

Le débat s'articule donc différemment dans l'un et l'autre cas. Il va être forcément très bref avec Henry, puisque celui-ci nous offre une confirmation assumée jusqu'au défi. Il devra être plus minutieux avec Jean-Luc Marion et mettre en ques-

---

16. *Phénoménologie et Théologie, op. cit.*, p. 127.

17. *Ibid.*, p. 158.

18. *Ibid.*, pp. 15-39.

19. Michel HENRY, *C'est moi la vérité. Pour une philosophie du christianisme*, Paris, Éditions du Seuil, 1996.

tion chez lui, au-delà de la dénégation ou de l'acceptation du « tournant », une conception incontestablement « maximaliste » de la phénoménologie.

De nombreux lecteurs de *C'est moi la vérité,* y compris parmi les théologiens et exégètes, ont été frappés par le court-circuit audacieux opéré entre l'enseignement de Jésus et la phénoménologie de la Vie. Sans aucune précaution historique ni herméneutique, sans même de recours explicite à la foi, la phénoménologie se fait religieuse et évangélique. Si l'on peut accepter que « la phénoménologie du Christ concerne la question de l'apparition du Christ[20] », il est en revanche pour le moins surprenant de découvrir une phénoménologie intérieure à la Trinité et de voir la Révélation divine confondue avec l'auto-révélation de la Vie[21]. Que deviennent la transcendance de Dieu, mais aussi la spécificité de la phénoménologie, si l'on admet avec Henry que : « L'intériorité réciproque du Père et du Fils, à savoir l'Archi-génération du Fils comme auto-génération du Père, signifie phénoménologiquement que chacun ne tient sa gloire que de celle de l'autre...[22] » ? La théologisation de la phénoménologie devient ici littérale, puisqu'elle est vision de Dieu en Dieu, mais sans qu'on ait justifié ni de quelle « phénoménalité » il s'agit à ce niveau, ni à quel titre on doit admettre comme phénoménologiquement évident une conception trinitaire de la vie divine, dont – après tout – l'Église catholique a dû faire un dogme, ce qui prouve bien que son archi-révélation échappait aux lumières naturelles de la plupart des mortels (ce qui est, d'ailleurs, encore le cas d'une bonne partie de l'humanité, sans compter les religions monothéistes qui ignorent ou rejettent la Trinité). Discuter point par point ce genre de « phénoménologie », si éloquente soit-elle, serait une entreprise vaine. L'Archi est à prendre ou à laisser, puisqu'il s'agit de « la Vie ipséisée dans l'Archi-ipséité de l'Archi-Fils...[23] », de telle sorte que l'homme lui-même soit Fils dans le Fils (ce qui implique cette hypothèse évidemment

---

20. *Id., ibid.,* p. 90.
21. *Id. ibid.,* p. 39.
22. *Id., ibid.,* p. 116.
23. *Id., ibid.,* p. 158.

peu vérifiable empiriquement : « Si donc le Fils n'existe pas, aucun homme n'est possible[24]»). On est seulement en droit de se demander pourquoi le recours à la phénoménologie (et sa captation) étaient nécessaires à un processus aussi grandiose et aussi évident d'autorévélation, qui a cependant mis deux mille ans à se manifester comme identification entre phénoménologie et Amour divin.

Jean-Luc Marion procède autrement. Non qu'il se veuille moins sûr de son fait ; mais il entend se justifier par la voie argumentative[25], attitude que l'on attend en effet d'un philosophe formé à l'école cartésienne. Et si, de nouveau, une certaine sollicitation de la phénoménologie n'est pas absente, elle s'accompagne de précautions et de ruses stratégiques qu'il faut identifier pour en établir la cohérence relative et les limites certaines.

Dénégations et concessions

On a vu que, dès l'année qui suivit sa publication, le *Tournant théologique* se vit opposer une fin de non-recevoir dans un recueil qui faisait, par ailleurs, silence sur lui : « Il n'y a là aucune dérive ni aucun tournant, même 'théologique'...[26]» Ce geste de dénégation se retrouve dans *Étant donné,* de telle sorte qu'un lecteur pressé pourrait n'en retenir que ce rejet et le refus d'admettre la pertinence des critiques présentées dans le *Tournant.*

Pourtant, dès les premières pages d'*Étant donné,* prend

---

24. *Id., ibid.*, p. 338.

25. « Le phénomène saturé ne doit pas s'entendre comme un cas-limite, exceptionnel, vaguement irrationnel, pour tout dire 'mystique' de la phénoménalité. Il marque au contraire l'accomplissement cohérent et conceptuel de la définition la plus opératoire du phénomène... » (*Phénoménologie et Théologie, op. cit.*, pp. 123-124). Ce souci de l'argumentation se manifeste aussi dans le choix du titre du livre le plus récent de Jean-Luc MARION, *Étant donné* (Paris, P.U.F., 1997) : même si les « Réponses préliminaires » n'insistent pas sur ce recours à la démonstration, il est significatif que le style de l'auteur soit souvent plus démonstratif que « monstratif », c'est-à-dire – dans les termes mêmes des pp.13-14 – plus métaphysique que phénoménologique.

26. *Phénoménologie et théologie, op. cit.*, p. 122.

forme toute une stratégie de réponse qui assortit le geste dénégateur de concessions (complétées dans le cours de l'ouvrage[27]) qui ne paraissent pas totalement négligeables, dans la mesure où elles reconnaissent que l'évidence phénoménologique du mot « donation » est moindre que son ambiguïté et sa forte connotation métaphysique. Si les critiques formulées dans le *Tournant* avaient été jugées totalement non pertinentes, il n'y aurait pas eu lieu d'y répondre de manière circonstanciée. Or on en tient compte, mais en prétendant qu'elles « s'adressent, le plus souvent, quoiqu'avec talent, à ce que nous n'avions précisément pas dit[28] ». Formule intéressante, puisqu'elle concède qu'il m'est arrivé parfois de répliquer à ce qui était bel et bien dit, tout en pointant un « non dit » qui fait question.

Dans un premier temps, et sans retenir le sens (purement historique) du « tournant », on m'oppose deux arguments : a) que « tout phénomène doit pouvoir se décrire » et qu'il n'y a pas lieu d'en exclure la Révélation qui « relève de plein droit de la phénoménalité[29] »; b) que la Révélation n'est abordée, non dans sa prétention théologique, mais comme possibilité de la phénoménalité, « la possibilité ultime, le paradoxe des paradoxes », sans faire exception au « principe de réduction à l'immanence ».

Le premier argument m'accorde exactement ce que j'avançais dans le *Tournant :* en majusculisant la Révélation au sein de toutes les révélations possibles et effectives, Marion sort de

27. Voir *Étant donné (op. cit.,* p. 91) où compte est tenu d'une remarque du *Tournant* (p. 51) sur « l'ambiguïté de la notion de donation ». Plus significativement, le contresens qui m'est imputé (p. 108), après plusieurs pages de discussion de mes critiques (pp. 104-107), est attribué à une « réelle difficulté »: le terme même de *donation* ne risque-t-il pas de reconduire au « modèle métaphysique de la production, de l'efficience et de la causalité »?

28. *Étant donné, op. cit.*, p. 8.

29. À ce propos,un étrange reproche est fait à la « métaphysique classique de Spinoza à Nietzsche »: « prétendre interdire la phénoménalité à ce qui la revendiquait » (*Étant donné,* p. 10). Outre que Spinoza a accordé la plus grande attention aux phénomènes de la Révélation dans son *Traité des Autorités politique et religieuse,* on reste confondu de voir Nietzsche inclus de cette façon expéditive dans la « métaphysique classique », alors que le statut métaphysique de sa pensée est un enjeu toujours si discuté.

l'attitude de neutralité méthodologique qu'il revendique par ailleurs. En toute rigueur, la postulation (tout à fait légitime) que « tout phénomène doit pouvoir se décrire » n'implique l'intégration de la Révélation dans ce champ que si l'on a démontré le caractère phénoménal (ou ce qui se donne comme phénomène) dans ladite Révélation. Qu'opposer à l'objection qui ferait valoir que les tables tournantes telles que les consultait Victor Hugo à Hauteville-House, mais aussi bien d'autres « révélations » paranormales moins nobles, font également partie de plein droit de la phénoménalité? À aucun moment, je n'ai contesté le plein droit d'une phénoménologie de la religion, des phénomènes religieux ou même parareligieux, à condition que les règles du jeu descriptif en soient explicitées. Ce que j'ai contesté, c'est l'alignement entre révélation et Révélation, et qu'une phénoménologie, tout en se prétendant neutre et stricte, mette en place une « structure d'accueil » d'un Appel et d'un Don qui constituent incontestablement le centre perspectif de son dispositif de pensée (« la possibilité ultime » n'étant pas une possibilité parmi d'autres).

Certes, les mises en garde du *Tournant théologique* n'ont pas été sans effets, puisqu'un effort de recentrage phénoménologique est perceptible dès les premières pages d'*Étant donné*, effort soutenu dans le corps de l'ouvrage par un plus grand nombre d'exemples esthétiques et picturaux que dans les précédents travaux de l'auteur. À notre tour de le concéder, ainsi que de prendre acte du deuxième argument: la Révélation n'est prise en compte que comme le « paradoxe des paradoxes ». La question reste cependant de savoir, d'une part si ce « paradoxe des paradoxes » peut être envisagé en mettant totalement entre parenthèses « sa prétention théologique à la vérité » et si, corrélativement, c'est une tâche spécifiquement phénoménologique que de s'élever jusque-là. Ma réponse est négative dans les deux cas, pour des raisons qui vont être développées à propos du « phénomène saturé » (au chapitre 3, où je répondrai également aux critiques qui me sont opposées aux pages 104-107 d'*Étant donné*) et concernant la nécessité d'un relais herméneutique de la phénoménologie (au chapitre 4).

Une chance pour l'athéisme ?

En reprenant ainsi une question posée (non sans facétie ?) par Jocelyn Benoist à Jean-Luc Marion à propos de la pensée philosophique de celui-ci[30], nous voudrions prolonger et approfondir le débat qui vient d'être amorcé, en renversant la perspective : il ne s'agira plus de suspecter un retour au « théologique » chez des phénoménologues de l'inapparent, de l'Autre, de l'auto-affection ou de la donation pure, mais de se demander si la phénoménologie ne doit pas être radicalement athée pour réussir son projet d'atteindre, de décrire et de dire la « chose même ».

Précisons d'abord les suggestions de Jocelyn Benoist, avant de déterminer en quel sens le projet phénoménologique devrait assumer l'athéisme – point sur lequel portera le prochain chapitre.

Tout en s'avouant d'emblée athée, Benoist reconnaît à Jean-Luc Marion le mérite d'avoir porté le soupçon au cœur de l'athéisme en posant la question : comment est-il possible d'être athée sans être métaphysicien ? Dès cette œuvre de jeunesse au titre significatif (*L'idole et la distance*[31]), Marion se mettait en quête d'une expérience non métaphysique de l'approche de Dieu et il était de bonne guerre, de sa part, de retourner à l'athéisme la question préalable des présupposés métaphysiques. Cependant, si habile soit-il, ce type d'argument restait apologétique[32] et semblait confiner la question de Dieu (ou sa récusation) dans des limites conceptuelles et même intellectualistes assez étroites, « l'idolâtrie » étant utilisée comme repoussoir pour mieux faire valoir une théologie négative échappant à la mort de Dieu (elle-même réduite à la mort du Dieu de la métaphysique).

On objectera que la portée critique de l'athéisme fait ainsi

---

30. Lors d'un débat organisé à Paris au Centre Sèvres sur « Phénoménologie et théologie », le 10 juin 1994. Je remercie Jocelyn Benoist de m'avoir communiqué ce texte passionnant qui – fait surprenant – n'a pas encore été publié.

31. Jean-Luc MARION, *L'idole et la distance*, Paris, Grasset, 1977.

32. « Ainsi déterminez-vous votre apologétique dans sa nature ambiguë de 'phénoménologique'... » (BENOIST, texte inédit cité *supra*, p. 5).

quelque peu oublier la question de son éventuelle insertion au sein de la phénoménologie. C'est tout à fait juste. Si, à l'époque de *L'idole et la distance*, Marion ne revêtait pas encore les atours d'un phénoménologue strict et pur, son projet était déjà de donner forme à une pensée théologique non métaphysique et supra-conceptuelle (une veine qui aurait dû lui faire rencontrer le grand Schelling de la *Philosophie de la Révélation*[33]). Il fallait le rappeler – en suivant Jocelyn Benoist sur cette voie[34] –, à la fois pour mieux comprendre l'unité d'un projet déjà ancien et pour mesurer à quel point l'enjeu métaphysique (et même religieux) ne cesse de se mêler étroitement (nous allons encore le constater) à la question de la méthode phénoménologique.

Si l'on reprend maintenant cette question de l'athéisme dans la perspective de la méthode phénoménologique, le problème se pose différemment. Nous allons, du moins, tenter de le relancer dans le prochain chapitre[35] sur des bases plus claires à partir de la question suivante : en allant jusqu'au bout de la revendication d'une radicalité dégagée de toute croyance et de toute visée métaphysique, n'instaurera-t-on pas un athéisme purificateur, permettant une disponibilité neuve à l'égard des phénomènes ? Il faudra prendre en considération cette possibilité d'une phénoménologie athée, faisant table rase de toute rémanence de la métaphysique ou même de ses substituts (le sens, l'originaire). S'agit-il, en fait, seulement d'une possibilité, ou n'est-ce pas plutôt une obligation, s'il est vrai que le projet phénoménologique revendique une complète autonomie et la mise entre parenthèses de tout contenu doxique et de tout préjugé? La réponse dépendra du sens donné à l'athéisme ; mais il n'est

---

33. Plus nettement qu'une seule allusion à Schelling (*L'idole et la distance, op. cit.*, p. 15).

34. BENOIST (p. 5 du texte inédit cité *supra)* fait finement état du « primat paradoxal du concept (ou du 'noétique') [chez Marion] dans sa négation même... »

35. Une première version de ce chapitre était destinée à un n° spécial de la *Revue d'esthétique*, sous la responsabilité de Nicolas Tertulian. Cette livraison ayant été reportée à une date ultérieure, Nicolas Tertulian a accepté que le texte prenne place au sein du présent essai. Je l'en remercie vivement.

pas sûr que ces précautions sémantiques parviennent à lever l'ambivalence du projet phénoménologique, même si elles sont complétées par les scrupules d'une phénoménologie « minimaliste ». Finalement, notre propos sera moins de rechercher une chance pour l'athéisme que de nous demander si des possibilités subsistent encore pour la phénoménologie, grâce à un athéisme repensé, réinscrit dans de strictes limites méthodologiques.

Le projet phénoménologique en éclats ?

Bien que notre but ne soit pas ici de brosser un tableau exhaustif de la phénoménologie contemporaine d'expression française, nous ne devons pas ignorer la proliférante diversité du paysage intellectuel qui s'offre à nous. Il serait à la fois inexact et injuste de s'en tenir aux œuvres discutées dans *Le tournant théologique.* Le principal défaut de cet essai était, d'ailleurs, de laisser croire à un lecteur peu averti que la « phénoménologie française » à partir des années 60 n'était illustrée que par les quelques auteurs cités et discutés – si distingués fussent-ils. La dernière décennie a été marquée par un magnifique renouveau de recherches inspirées par le dernier Merleau-Ponty et par Henri Maldiney[36], stimulées par un nouvel effort de traduction et de réflexion portant sur la complexité de la pensée husserlienne[37], par une exploration des travaux de phénoménologues originaux comme Fink[38], Patočka[39], Erwin Strauss[40], par une fécondation réciproque

36. En particulier chez Renaud Barbaras, Jacques Garelli et Marc Richir.

37. Les revues *Études phénoménologiques, Epokhè* et *Alter* y ont activement contribué, ainsi que la collection « Krisis » dirigée par Marc Richir chez Millon et la collection « Phaenomenologica » dirigée par Rudolf Bernet aux éditions Kluwer (Dordrecht). C'est également le cas de la revue *Philosophie* animée d'abord par Didier Franck, puis plus récemment par Claude Romano.

38. Voir la traduction par Nathalie DEPRAZ de la *Sixième méditation cartésienne* (Grenoble, Millon, 1994).

39. Voir en particulier Jan PATOČKA, *Introduction à la phénoménologie de Husserl,* trad. E. ABRAMS, Grenoble, Millon, 1992.

40. Voir Erwin STRAUSS, *Du Sens des Sens,* trad. G. THINES et J.-P. LEGRAND, Grenoble, Millon, 1989.

du champ phénoménologique avec l'herméneutique[41], la logique[42], la politique[43], l'esthétique[44] et la psycho-pathologie[45] et même par l'apparition d'utilisations polémiques ou paradoxales d'un concept de phénoménologie dégagé de ses liens avec la « philosophie première » (y compris, fait remarquable, en contiguïté avec une inspiration religieuse[46]). Il en résulte une impression d'éclatement, de travail « aux confins[47]», qui risque de déconcerter, sinon de décourager. Certes, d'aucuns se feront gardiens du temple phénoménologique ; d'autres préféreront bricoler dans leur coin ; d'autres enfin s'accommoderont de cet aimable désordre.

Gardant en main le fil conducteur de la question de la méthode, nous ne nous bornerons pas à enregistrer cette diversité. Nous réfléchirons, dans le chapitre 3, sur la sollicitation du concept même de phénoménologie qui nous paraît à l'œuvre dans un subtil et délicat essai de restauration d'une philosophie première (ou « dernière »), captant à cet effet la phénoménologie « comme telle ». En détachant un principe inconditionné, la donation, des limites de tout horizon, en persistant à rendre compte en ces termes des différents degrés de la phénoménalité, parvient-on vraiment à penser l'unité phénoménale de manière strictement phénoménolo-

41. Nous reviendrons sur ce point au chap. 4.

42. Voir Denis FISETTE , *Lecture frégéenne de la phénoménologie,* Combas, Éditions de l'éclat, 1994.

43. Voir *Phénoménologie et politique. Mélanges offerts à Jacques Taminiaux,* Bruxelles, Ousia, 1989.

44. Cette voie, magistralement ouverte par Merleau-Ponty dans *L'œil et l'esprit* et dans ses écrits sur Cézanne, a été enrichie par les travaux de Henri Maldiney et plus récemment par ceux d'Éliane Escoubas et de Michel Haar. Voir, entre autres, *L'art au regard de la phénoménologie,* textes réunis par É. ESCOUBAS et B. GINER, Toulouse, Presses Universitaires du Mirail, 1994. Citons également un essai remarquable d'Édouard PONTREMOLI, *L'excès du visible. Une approche phénoménologique de la photogénie,* Grenoble, Millon, 1996.

45. Nous pensons particulièrement aux travaux de l'École française de *Daseinanalyse.*

46. Chez Jean-Yves LACOSTE, *Expérience et absolu,* Paris, PUF, 1994.

47. Voir l'excellent recueil portant ce titre : *La phénoménologie aux confins,* textes de R. COBB-STEVENS, J. TAMINIAUX, G. GRANEL, E. RIGAL, Mauvezin, TER, 1992.

gique ? Ou ne réintroduit-on pas plutôt, s'avançant sous les masques insolites de l'interlocution et de l'« interdonation », une métaphysique de l'amour ? Nous aurons, pour répondre, à examiner de très près les déplacements et les traductions qui ont permis ces ingénieux montages.

Dans le chapitre 4, en revanche, nous reviendrons à une position apparemment plus classique du problème, mais qui ne peut absolument pas être laissée de côté : la question de l'articulation (ou de la désarticulation) entre phénoménologie et herméneutique. Objet de polémique (entre Derrida et Gadamer), occulté par les uns, mis au contraire au centre du débat par les autres (et, en particulier, par Ricoeur), cet enjeu recouvre sans s'y réduire certains recoupements entre théologie et philosophie ; mais il englobe plus largement la relation entre texte et description, inscription et intuition, interprétation et réduction. L'herméneutique vient-elle compléter et prolonger la phénoménologie, ou – diront les mauvais esprits – confirme-t-elle ses présupposés métaphysiques et ses facilités rhétoriques ?

Après avoir porté ainsi l'attention sur les points les plus sensibles de la recherche phénoménologique actuelle, on sera en droit de se demander, dans le dernier chapitre, si le foisonnement constaté ne correspond qu'à une sorte de bouillon de culture plus littéraire que rigoureux, ou bien si l'on doit sauvegarder, sous le nom de phénoménologie, un projet bien défini, cohérent et suffisamment prometteur. Proposer une méthode « minimaliste » n'est pas agir par simple modestie. C'est d'abord lever bon nombre des ambiguïtés issues – à partir de Husserl lui-même – du surinvestissement scientifique ou métaphysique de la phénoménologie, c'est ensuite accepter le pluralisme des méthodes et des approches dans un domaine vaste où il n'est pas mauvais que s'exerce une créativité soucieuse d'une rigueur spécifique, c'est enfin dégager des pistes plus précises, dont on donnera quelques exemples.

Au total, l'éclatement de la phénoménologie signifie-t-il son impossibilité? On sait, à méditer sur le glissement du concept de possible, de Kant à Bergson, qu'il est toujours hasardeux de déclarer une impossibilité de principe (en fonction de la logique de la non-contradiction), promptement démentie par les faits. Si « l'impossibilité » détectée par Éric Alliez[48] est plus subtile, elle isole des symptômes qui ne sont peut-être pas tous incurables.

Chemin faisant, c'est la pensée contemporaine , en ses amorces et en ses entailles les plus vives, qui se trouve directement ou indirectement mise en cause et impliquée dans ce débat. Si la phénoménologie comme discipline unifiée et impériale vole alors en éclats, la phénoménologie renaît comme interrogation sur ses propres projets, ses possibilités et ses limites.

48. Éric ALLIEZ, *De l'impossibilité de la phénoménologie. Sur la philosophie française contemporaine*, Paris, Vrin, 1995.

II
UNE PHÉNOMÉNOLOGIE ATHÉE ?

Dans un texte intitulé « Pour une philosophie non théologique[1] », Mikel Dufrenne a noté la profonde ambiguïté de la pensée heideggérienne à l'égard de l'héritage théologique. D'un côté, Heidegger est l'initiateur des « philosophies de l'absence » et il détache l'apparaître de tout principe transcendant ou ontique, de l'autre – et bien qu'il s'en défende – son discours a des accents crypto-théologiques : l'être, qui se dérobe sous ses propres noms comme le Dieu indicible de la théologie négative, sauvegarde sa vérité en une expérience recueillie et presque religieuse. Or cette rémanence de l'onto-théologie, dénoncée par Derrida, Dufrenne la discerne à son tour chez ce dernier et jusque chez Blanchot : « Lorsque Derrida nous avertit qu'il n'y a pas de nom pour la différance, on croirait entendre Damascius...[2]. » Certes Derrida fait l'économie de l'expérience mystique et c'est apparemment aussi le cas chez Blanchot. Mais : « l'énigme sacralise. Le sacré se laisse toujours pressentir à son ambivalence[3]. » De même que la « différance » garde un caractère originaire malgré les dénégations de Derrida, la passion du Dehors renvoie à un non-sens initial qui garde toute la riche ambiguïté du sacré ou, du moins, d'un sacré par défaut, aussi insaisissable que l'expérience du Neutre. À ces pensées encore apparentées aux théologies négatives, du moins par leurs modes d'écriture, Dufrenne oppose une philosophie non théolo-

1. Mikel Dufrenne, *Le Poétique,* Paris, P.U.F., 1973, pp. 7-57.
2. Id., *ibid.,* p. 24.
3. Id., *ibid.,* p. 35.

gique, sans aucune attente de révélation ni de parousie, ouverte au don de la seule présence, récusant toute origine autre que « la puissance de la Nature », bref une philosophie matérialiste attestant la joie d'être au monde sans se refermer sur un savoir définitif (comme la science le prétend encore), mais se déployant grâce à l'art et accomplissant ainsi la vocation de l'homme[4].

Ces analyses de Dufrenne paraissent rejointes et prolongées par le travail effectué dans *Le tournant théologique de la phénoménologie française* [5], visant à critiquer – chez certains phénoménologues français contemporains – les déplacements ou même les dérives méthodologiques au profit d'une Transcendance, d'une archi-origine ou d'une donation, qui n'ont plus de phénoménologiques que le nom.

Dans quelle mesure faut-il que soient ainsi reprises en compte et confirmées les suggestions de Dufrenne ?

Ce qui est en cause, ce n'est pas seulement le statut de la phénoménologie ; c'est, à travers elle et chez les auteurs qui viennent d'être cités, tout comme chez Dufrenne lui-même, une décision philosophique fondamentale (mais pas toujours ni forcément avouée comme telle) concernant la Transcendance métaphysique ou théologique. En excluant celle-ci, Dufrenne ne fait en un sens que redonner vie à la contestation matérialiste de la « métaphysique spéciale », à laquelle Kant reconnaît le statut d'antithèse en sa Dialectique transcendantale. Cependant, le point de vue de Dufrenne introduit un élément neuf par rapport à la position classique du problème de la légitimité de la métaphysique : bien que Dufrenne parle principalement de philosophie et non de phénoménologie au sens strict[6], les auteurs contemporains qu'il critique se situent essentiellement dans la mouvance de la phénoménologie. Surtout, la dimension dont il entend repartir est celle de la seule présence comme « premier moment de

---

4. Voir la conclusion du texte de DUFRENNE, *ibid.*, pp. 56-57.

5. Dominique JANICAUD, *Le tournant théologique de la phénoménologie française, op. cit.*

6. Dufrenne signale cependant (*Le Poëtique, op. cit.*, p. 12) que la « référence à la phénoménologie doit... aussi subir la 'rature' ».

la perception »: « La présence est donnée *hic et nunc.* Elle est le don même, qui n'implique pas de donateur...[7]» L'originalité de Dufrenne est que le caractère phénoménologique de son entreprise – nullement cantonné à une stricte obédience à l'inspiration husserlienne – s'applique essentiellement au domaine esthétique et se veut même poétique[8] pour faire de la présence « le lieu et l'objet d'une affirmation joyeuse[9]».

Dans quelle mesure nos propres recherches vont-elles dans le sens indiqué par Dufrenne ? Après avoir montré jusqu'à quel point nous pouvons le suivre, nous réexaminerons les deux termes en présence – athéisme et phénoménologie – afin d'être en mesure d'exposer notre propre position. Toute ambiguïté doit-elle être alors levée quant au « théisme » ou à l'« athéisme » de la phénoménologie ? Poser la question en toute clarté obligera à analyser les dénégations de Heidegger à cet égard et à tenter d'opérer, à cette lumière, une véritable *catharsis.*

L'athéisme et le théisme au-delà des phénomènes

Tout d'abord, une mise au point historiographique s'impose : l'auteur du *Tournant théologique* doit confesser qu'il ne connaissait pas le texte de Dufrenne lorsqu'il écrivit son essai. Quant au fond, a-t-il cependant rejoint Dufrenne sans le savoir[10] ?

Oui, dans la mesure où un même type de soupçon s'exerce sur des philosophies soucieuses de l'origine et de l'originaire. Sont-elles débarrassées de toute arrière-pensée ou de toute récurrence théologiques ? Laissent-elles apparaître et permettent-elles de penser la présence dans son immanence réelle ? La réponse est négative. Alors qu'elles croient fonder le phénomène et enrichir la phénoménalité, elles les encombrent ou en barrent l'accès. L'Autre, la dona-

7. DUFRENNE, *ibid.*, p. 56.

8. « On ne peut être matérialiste que poétiquement » (*ibid.*, p. 38).

9. DUFRENNE, *ibid.*, p. 56.

10. C'est Daniel Charles qui attira son attention sur ce texte. Malgré tout, le nom de Dufrenne est cité à la p. 7 du *Tournant.*

tion pure, l'archi-origine sont autant de substituts de l'écrasante présence-absence de la Transcendance divine.

En revanche, nous nous séparons de Dufrenne, dans la mesure où, au lieu de considérer Derrida et Blanchot comme des « théologiens négatifs » qui s'ignorent, nous croyons qu'il faudrait plutôt essayer de comprendre à partir de leurs analyses certains aspects de la théologie négative (car celle-ci ne constitue pas une unité monolithique dont le sens serait acquis une fois pour toutes, mais s'enrichit des nouvelles questions qui viennent la traduire et la déplacer dans les termes de notre époque désacralisée). D'autre part et surtout, même si Dufrenne rejoint la phénoménologie à la fin de son texte et si on l'y sent proche de Merleau-Ponty, c'est le destin de la *philosophie* qu'il envisage, alors que le présent propos s'en tient, comme *Le tournant théologique*, à la *phénoménologie*. Il faut revenir à cette nuance qui n'est pas à négliger et dont il serait opportun de préciser la portée. On peut très bien défendre une conception non théologique de la phénoménologie, sans pour autant assumer un athéisme radical sous l'angle de la « philosophie première ». De son côté, Dufrenne, qui se place d'emblée dans une perspective radicalement non théologique (sans reprendre le terme cher à Bataille d'« athéologie »), a parfaitement le droit de se reconnaître dans une phénoménologie de la présence. La situation serait différente s'il se proclamait *avant tout* phénoménologue ou représentant de la phénoménologie en tant que telle.

Ces différences marquées, il faut savoir reconnaître dans le texte de Dufrenne une salutaire invitation à reposer la question du lien entre onto-théologie et phénoménologie. Celle-ci (pour autant qu'on puisse unifier son projet) est-elle condamnée à jouer le rôle de substitut, plus ou moins avoué, plus ou moins honteux, de la métaphysique la plus métaphysicienne (la *metaphysica specialis*) ? Ou bien l'élan phénoménologique recèle-t-il une vigueur inaugurale et une radicalité permettant d'instaurer une relation vraiment neuve à l'apparaître ?

Si notre réponse – on le devine – retient cette dernière possibilité, il faut maintenant préciser à quelles conditions préalables, eu égard aux présuppositions de l'athéisme ou du théisme.

Une mise au point terminologique s'impose. Athée peut s'entendre en un sens seulement privatif, conformément à son étymologie ; c'est ainsi, semble-t-il, que Socrate et l'apôtre Paul y ont recours en des contextes différents : l'*atheos* est privé du dieu ou de Dieu[11]. En revanche, l'usage courant du substantif a un caractère dogmatique qui correspond à la définition donnée par Lalande : « Doctrine consistant à nier l'existence de Dieu[12]. »

En privilégiant l'épithète « non théologique », Dufrenne a voulu, semble-t-il, en rester au premier sens : une philosophie de l'apparaître n'a pas à outrepasser l'horizon de l'immanence phénoménale ; elle ne fait que constater l'absence de Dieu en notre expérience sensible. Si tel et le cas, le projet phénoménologique doit s'en tenir là, c'est-à-dire se borner à récuser les prétentions du théisme dont une expression classique se trouve dans les réponses de Descartes aux Sixièmes objections.

Arrêtons-nous un instant à cette question soulevée par « divers théologiens et philosophes » concernant la possibilité d'une « science d'un athée ». Ce « quatrième scrupule » opposé à Descartes ne manque pas de pertinence en son recours à la règle de l'évidence : des opérations mathématiques très certaines ne sont-elles plus telles, sous prétexte que celui qui les conçoit ne croit pas en Dieu ? À cet athée, demandent les auteurs de cette objection, « que lui objecterez-vous que, s'il y a un Dieu, il le peut décevoir ? mais il vous soutiendra qu'il n'est pas possible qu'il puisse jamais être en cela déçu, quand bien même Dieu y emploierait toute sa puissance[13] ».

---

11. Voir PLATON, *Apologie de Socrate,* 26 c, et PAUL, *Épître aux Éphésiens,* 2, 11. Dans le premier cas, Socrate se défend, face à son accusateur Mélétos, d'être *atheos* sous prétexte qu'il n'enseigne pas la croyance aux seuls dieux de la Cité ; dans le second cas, Paul rappelle à ses frères d'Éphèse que, sans Christ, ils étaient *atheoï* (privés de Dieu dans le monde).

12. André LALANDE, *Vocabulaire technique et critique de la Philosophie,* Paris, P.U.F., 1956, art. « Athéisme ».

13. DESCARTES, *Œuvres,* édit. ADAM-TANNERY, IX, p. 220.

En sa réponse, Descartes se garde bien de reprendre les exemples mathématiques donnés par ses interlocuteurs. Avec une désinvolture certaine, il prétend qu'« il est aisé de montrer qu'il [l'athée] ne peut rien savoir avec certitude et assurance[14]». Mais il ne le démontre nullement, se bornant à établir une règle de proportionnalité inverse entre le degré de puissance de l'auteur de l'être et les occasions de douter. Ainsi, en déplaçant la question de la « science d'un athée » à un niveau dogmatique et général, Descartes parvient à donner l'impression qu'il a répondu à l'objection, ce qui n'est pas du tout le cas. On peut seulement lui concéder que, du fait de son refus d'un fondement métaphysique absolu, l'athée aura plus d'occasions de douter de la nature des choses ; mais cela n'implique nullement la conclusion extrêmement négative que Descartes veut imposer d'emblée, c'est-à-dire que l'athée « ne peut rien savoir avec certitude et assurance », même les vérités mathématiques les plus évidentes.

Cette référence aux prétentions excessives du théisme cartésien ne nous éloigne nullement du terrain phénoménologique. Les phénoménologues théistes suivent le (mauvais) exemple cartésien en subordonnant (explicitement ou implicitement) à la condition première d'une véracité suprême ou d'un fondement premier l'accès à la vérité phénoménale. C'est une pétition de principe qui d'emblée suspend le phénomène à son origine supposée. Notons que Husserl lui-même en ses *Méditations cartésiennes*, tout en reprenant à son compte l'idéal cartésien d'une science certaine, fait totalement silence sur une éventuelle garantie divine des vérités apodictiques et prend même encore plus nettement ses distances à l'égard de Descartes en précisant ceci : « Nous savons, grâce à des recherches récentes et notamment grâce aux beaux et profonds travaux de MM. Gilson et Koyré, combien de 'préjugés' non éclaircis, hérités de la scolastique contiennent encore les *Méditations*[15]. » En outre, Husserl

14. Id. *ibid.*, p. 230.
15. Edmund Husserl, *Méditations cartésiennes,* trad. Peiffer et Lévinas, Paris, Vrin, 1969, p. 20.

affirme très clairement au § 58 des *Idées* que la transcendance de Dieu doit être mise hors circuit. Rappelant les arguments grâce auxquels la conscience religieuse pose un absolu autre que celui de la conscience, Husserl conclut que cet absolu ne saurait échapper à la réduction : « Il doit rester exclu du nouveau champ d'étude qu'il nous faut instituer, dans la mesure où ce doit être le champ de la conscience pure[16]. »

S'il est ainsi patent que le théisme, position métaphysique outrepassant illégitimement les limites de la phénoménalité, doit être exclu d'un projet phénoménologique rigoureux et digne de ce nom, l'athéisme dogmatique ne devrait pas se dispenser étourdiment de précautions similaires : il doit être également suspendu pour les mêmes raisons, symétriques de celles qui ont été opposées au théisme.

Nous suivrons donc Dufrenne en reprenant à notre compte le caractère seulement « non théologique » (c'est-à-dire athée au premier sens, limité) d'une phénoménologie conforme à nos vœux. Cependant, comme on a commencé à l'établir, une méthode proprement phénoménologique a des exigences plus strictes que la philosophie en général, qu'elle se veuille témoignage existentiel total ou audace spéculative. Le texte de Dufrenne proclame finalement un matérialisme conséquent, mais qui, dès lors qu'il rejoint l'athéisme « dogmatique », risque d'introduire un soupçon sur nos propres scrupules terminologiques et méthodologiques. L'athéisme méthodologique n'est-il qu'un prétexte ou une première étape pour faire admettre plus facilement un athéisme de fait ? Y a-t-il une cloison étanche entre les deux sens du mot ? La difficulté déborde considérablement les limites au sein desquelles nous tentons de la maintenir et en particulier chez Heidegger, si ambigu face à la question de Dieu, ainsi que Dufrenne l'a remarqué dès l'ouverture de son texte. Il faut donc reposer le problème en revenant aux sources de toute phénoménologie, afin de les confronter ensuite à l'ambiguïté dont il vient d'être question.

---

16. Id., *Idées directrices pour une phénoménologie*, Husserliana, III, 1, p. 111 (trad. Ricoeur, p. 192).

Les hypothèques du théisme et de l'athéisme étant levées, il convient de rappeler la spécificité de tout projet phénoménologique : suspendre l'attitude naturelle ou naïvement doxique. Quelles que soient les libertés qui ont été ou devront être prises par rapport à l'ensemble des exigences husserliennes, il convient dans un premier temps de suivre Husserl lorsqu'il fait la distinction entre la description phénoménologique et les descriptions empiriques ou simplement psychologiques. Le projet scientifique de suspendre les préjugés ne va pas encore assez loin ; la réduction phénoménologique sera bien plus radicale qu'une réduction gnoséologique : ce qu'elle mettra hors jeu, « c'est la thèse générale qui tient à l'essence de l'attitude naturelle[17] ». L'*épokhè* ainsi définie et effectuée dans sa radicalité transcendantale est la mise entre parenthèses de toute « transcendance » mondaine ou doxique.

Ainsi, avant même qu'on envisage le premier résultat de cette réduction radicale, c'est-à-dire l'obtention d'un « phénomène pur », qui révèle son essence immanente (prise individuellement) comme une « donnée absolue[18] », on voit confirmée la renonciation à toutes les croyances antérieures ou aux prises de position axiologiques susceptibles de brouiller le regard phénoménologique. En ce sens, le projet phénoménologique se pense et se veut neutre : c'est en quoi il reprend à son compte, du moins en son élan initial, une intention de scientificité qu'il partage avec la refondation cartésienne de la philosophie moderne.

À partir de cet élan qui paraît animer tout projet phénoménologique, en quel sens peut-on parler de deux sources (ou inspirations) de la phénoménologie ?

La première inspiration remonte à Lambert, fondateur du terme même de phénoménologie, qu'il définissait : *eine Lehre vom Schein,* dans la mesure où cette étude des apparences pré-

---

17. Edmund HUSSERL, *Idées..., op. cit.,* § 32, p. 56 ; *trad. cit.,* p. 102.

18. *Id., L'idée de la phénoménologie,* trad. A. LOWIT, Paris, P.U.F., 1990, p. 69 ; *Die Idee der Phänomenologie,* Husserliana, II, p. 45.

cédait une *Aletheïologie,* doctrine de la vérité. Il est certain que la phénoménologie s'enrichit d'un sens philosophique infiniment plus lourd et conséquent lorsqu'elle devient avec Hegel une doctrine du « savoir apparaissant », car elle ne se réduit plus à un catalogue d'apparences ou d'illusions des sens, mais devient la rétrospection méthodique des figures que la conscience, la conscience de soi, la raison, etc. doivent emprunter nécessairement. La *Phénoménologie de l'esprit* est l'exposition du processus par lequel la vérité absolue advient à elle-même à partir des différentes phases de son apparaître. On fera valoir qu'avec Husserl et ses successeurs la phénoménologie devient une méthode autonome qui rompt avec l'idéalisme absolu. Sans nul doute. Mais cela ne signifie nullement que la première inspiration s'éteigne dans la phénoménologie contemporaine : en tout projet phénoménologique subsiste toujours une *rétrospection* des conditions de l'apparaître du phénomène et de la phénoménalité[19].

La fondation husserlienne de la phénoménologie comme méthode autonome comporte cependant une orientation différente, dont il faudrait établir si elle est divergente ou complémentaire par rapport à la première : le regard phénoménologique se purifie en vision des essences et cette eidétique vise à constituer une science certaine et complète de l'esprit ; on ne s'attarde donc pas auprès des apparences et de leurs illusions : la méthode phénoménologique se met au service d'une vérité qui se veut rigoureuse.

Un trait essentiel de la mise en œuvre de la phénoménologie husserlienne est, en effet, de viser la « chose même » dans l'analyse des vécus intentionnels : « élucider l'essence de la connaissance et... l'objet de la connaissance[20] », telle est sa tâche très ambitieuse, du moins telle qu'elle se présente dans les *Ideen I,* puisqu'elle englobe l'ensemble des structures noético-noématiques. Mais l'ambition est encore plus prononcée, puisque l'entreprise de constitution phénoménologique s'applique non seulement à tout « vécu intellectuel », mais à

19. Nous avons marqué ce point dans *Chronos,* Paris, Grasset, 1997, p. 142.
20. HUSSERL, *L'idée de la phénoménologie, trad. cit.,* p. 45 ; Husserliana, II, *op. cit.,* p. 23.

« tout vécu en général », étant donné que toute l'expérience imaginative et perceptive devient l'objet de la « vue et de la saisie pure » qui fait le nerf de la description eidétique[21].

On sait que Husserl lui-même ne s'en est pas tout à fait tenu à ce programme (se tournant, et particulièrement dans *Expérience et jugement*, vers l'anté-prédicatif) et que, telle une boîte de Pandore, la phénoménologie a éclaté en orientations divergentes, entre ceux qui – avec Sartre – tendaient à réduire l'existant à « la série des apparitions qui le manifestent[22] », ceux qui – avec Heidegger ou Merleau-Ponty – se mettaient en quête d'un « possible » de la phénoménologie dont l'enjeu était plus l'être de l'apparaître que la série de ses apparitions, enfin ceux qui – à la suite de Lévinas – allaient transgresser les limites de l'intuition du visible.

Devant cet éclatement, dont seules les plus notables inflexions viennent d'être rappelées, on peut être à la fois et à juste titre émerveillé par la fécondité créatrice de l'intuition husserliennne d'un retour aux « choses mêmes » à partir de leur mode d'apparaître, et souligner que le rêve d'une nouvelle philosophie scientifiquement rigoureuse a décidément échoué, comme Husserl lui-même semble l'avoir reconnu en notant que ce rêve est « épuisé[23] ».

Ce constat autorise la reprise de notre interrogation : les deux sources de la phénoménologie ont-elles déterminé une divergence radicale ou se sont-elles avérées compatibles ? On ne retiendrait que la première hypothèse si Husserl lui-même s'en était tenu à une eidétique des idéalités mathématiques et noématiques ; mais son souci de tenir les deux bouts de la chaîne intentionnelle, le noétique et le noématique, ainsi que de revenir aux couches doxiques et proto-doxiques de la

21. Voir Id., *L'idée de la phénoménologie, trad. cit.*, p. 54 ; *op. cit.*, p. 31.

22. Jean-Paul Sartre, *L'être et le néant*, Paris, Gallimard, 1943, p. 11.

23. « Philosophie als strenge Wissenschaft... der Traum ist ausgeträumt ». Quentin Lauer précise bien, en citant cette phrase célèbre, qu'elle ne signifie pas, de la part de Husserl, la renonciation à « l'idéal de la connaissance rigoureusement scientifique en tant que telle, mais à l'ambition d'achever la totalité de la science » (Introduction à *La philosophie comme science rigoureuse, op. cit.*, p. 7).

connaissance, sa préoccupation de soutenir l'étude des visées objectivantes par celle de leur enracinement subjectif et perceptif, et même anté-prédicatif, ont démontré que la phénoménologie demeurait bien avec lui une rétrospection des conditions de l'apparaître du phénomène. Certes, il ne faut pas méconnaître la tension qui s'est maintenue dans toute phénoménologie entre la prétention à la pureté intuitive et l'accueil de l'originaire, entre la saisie des formes apparaissantes et le retour aux conditions de l'apparaître lui-même. Cette tension peut devenir déhiscence, par exemple chez Merleau-Ponty, surtout en ses ultimes notes[24]. Quelle que soit l'ampleur de cet écart, ce qui nous paraît constitutif du champ phénoménologique ouvert par Husserl, c'est l'établissement d'un mode d'intersection neuf entre deux aires qui s'étaient déjà chevauchées chez Platon : le questionnement philosophique et la recherche épistémique d'invariants[25]. Mais ce mode d'intersection n'est phénoménologique, comme l'a excellemment suggéré Paul Ricoeur, que lorsqu'on « traite comme un problème autonome la manière d'apparaître des choses[26]». Or les difficultés méthodologiques et les soupçons qu'elles entraînent se concentrent autour de cette « autonomisation » de la phénoménologie, c'est-à-dire chez Husserl et dans les termes rappelés plus haut, dans la deuxième « source » de la phénoménologie : la présupposition d'un sens pur et le projet de recueillir celui-ci dans une science pleine et définitive (qui sera elle-même placée sous le signe d'une téléologie rationnelle).

Il faut donc, pour porter ce débat à son terme, examiner la réapparition de soupçons portant moins directement sur un « crypto-théisme » phénoménologique que sur le caractère apparemment inévitable d'une rémanence du Sens et de ses substituts idéalistes ou métaphysiques.

---

24. Voir, en particulier, Maurice Merleau-Ponty, *Notes de cours 1959-1961*, Paris, Gallimard, 1996.

25. Voir nos remarques sur ce point dans *Le tournant théologique...*, *op. cit.*, pp. 81-83.

26. Paul Ricoeur, *À l'école de la phénoménologie*, Paris, Vrin, 1987, p. 77.

En faisant état de soupçons, nous n'entendons pas régresser à un niveau doxique ou idéologique. Il est évident qu'une orientation philosophique, même si son effort de rigueur méthodologique est incontestable, ne fera jamais l'objet d'une adhésion universelle. D'ailleurs, même dans les sciences dites « dures », le consensus ne saurait être considéré comme le critérium du vrai, mais seulement comme son résultat plus ou moins confirmé. D'autre part, il ne saurait être question, dans les limites de la présente étude, d'être exhaustif quant à la provenance et à la nature des critiques adressées à la phénoménologie. Critiques nombreuses, mais dont le paradoxe – trait révélateur de notre bouillonnement culturel ? – est qu'elles ne paralysent nullement le foisonnement des recherches phénoménologiques.

Le ressort philosophique des soupçons qui visent la phénoménologie, au-delà même de la querelle du « tournant théologique », porte sur la présupposition principielle du projet même de phénoménologie : celle de l'unité d'un *sens*. Que celui-ci qualifie la chose, l'idée, le sujet ou l'être, cette sémantique unifiante ne préoriente-t-elle pas l'analyse et la description ? Vincent Descombes en a fort lucidement isolé la postulation en attirant l'attention sur le § 55 des *Idées* dont le titre soutient que « nulle réalité n'existe sans une 'donation de sens' (*Sinngebung*[27]) ». Cette donation de sens est-elle naïvement métaphysique ? Ce qui est remarquable, c'est que Husserl affirme cette *Sinngebung* contre l'idéalisme subjectif absolu. Comment faut-il donc la comprendre ? Les dénégations de Husserl sont révélatrices : récusant l'idéalisme subjectif, il rejette également l'idée de « réalité absolue » qui « équivaut à un carré rond ». Et pourtant, il réintroduit cette épithète d'« absolu » au niveau de la conscience pure : « Le monde lui-même a son être complet sous la forme d'un cer-

27. Vincent DESCOMBES, *Grammaire d'objets en tous genres*, Paris, Éditions de Minuit, 1983, p. 57.

tain 'sens' qui présuppose la conscience absolue à titre de champ pour la donation de sens[28]. »

Cette *Sinngebung* est-il un référent baladeur servant éventuellement à justifier n'importe quoi, quand on en a besoin ? Descombes va même jusqu'à parler du « désastre de la phénoménologie husserlienne » à propos du § 131 des *Idées* où Husserl, visant « un *x* vide porteur de sens et attaché au sens » opère laborieusement la distinction entre le « sens noématique » et « l'objet déterminable ». Si Husserl est ici victime du concept traditionnel d'identité qui peut s'employer sans « le moindre critère d'identification », comme le soutient Descombes, il est à plus forte raison victime de la surdétermination du mot « sens ». Mais ne pourrait-on pas objecter qu'il n'y aurait point de philosophie sans l'affrontement de mots-signes surdéterminés ? Ainsi Aristote lui-même ne fut-il pas déjà, lui aussi, la victime (consentante) de l'homonymie du mot «être »?

La question soulevée ici n'est pas négligeable : c'est à la fois celle du statut de la description en phénoménologie et celle du statut du métalangage qu'une philosophie s'accorde ou s'impose. Il est certain que, malgré tous ses efforts, Husserl n'a peut-être pas réussi à éviter de retomber dans la psychologie philosophique, lors même qu'il se croyait solidement établi dans la philosophie première ; et, d'autre part, le fait même d'avoir pensé la phénoménologie comme philosophie première le condamnait à des présuppositions dont les enchaînements n'étaient pas aussi maîtrisables qu'il l'avait cru.

On doit concéder à Descombes que la phénoménologie est débordée par le « sens » même auquel elle a recours. Il n'est cependant pas tout à fait justifié de lui objecter qu'elle se permette cette application « en dehors de toute condition d'un langage »[29], car, si laborieux que soient les efforts husserliens d'explicitation, ils ne sont pas inexistants[30]. À tout le

28. Husserl, *Idées...*, § 55, p. 107, trad. Ricoeur, p. 184.

29. Descombes, *ibid.*, p. 56.

30. On peut ajouter que, s'il est vrai que « l'extension inusitée » donnée par Husserl au concept de sens est « peu expliquée, elle est quand même assumée comme telle à la note de la p. 107 des *Idées* que discute justement Descombes (trad. Ricoeur, p. 184). Cf. Descombes, *ibid.*, p. 57.

moins une « intention » de clarification s'y exprime-t-elle ! En outre, le § 55 des *Idées* précise bien en quel sens le « sens » est alors convoqué : au niveau transcendantal ultime, horizon de tout sens possible pour la conscience transcendantale pure. On a le droit de contester ce recours, pour se rabattre sur la seule confrontation entre l'empirique et le logique ; mais, dès lors, la charge de la « preuve », ou de la justification préalable, devrait revenir au projet d'une « grammaire » philosophique se dispensant de la question transcendantale. Au demeurant, Descombes étend ses soupçons à toute épistémologie ou théorie de la connaissance et même à toute philosophie de l'expérience depuis le XVIIe siècle[31]. Le travail de nécessaire clarification déborde donc très largement la phénoménologie !

Le soupçon portant sur le « sens » a pu, ou pourrait, être formulé à d'autres niveaux où se laissent déchiffrer, dans la phénoménologie husserlienne, d'autres « résidus » qui méritent d'être mis en question : en matière de téléologie, de subjectivité, de présence absolue, de métaphysique. Les ambiguïtés sédimentées dans l'immense corpus husserlien ne vont-elles pas, dès lors, réalimenter un feu croisé d'objections et de soupçons dont la réapparition même montre à quel point la phénoménologie a échoué dans son projet ou son rêve de scientificité ? Et ne retrouve-t-on pas, lovée au cœur le plus secret de la pensée de Husserl comme de Heidegger – quoique pour chacun d'une manière singulière –, cette ambivalence du sacré que Dufrenne veut décidément déloger, mais vis-à-vis de laquelle notre attitude sera quelque peu différente ?

Une inéliminable ambivalence ? La voie minimaliste

« La vie de l'homme n'est rien d'autre qu'un chemin vers Dieu. J'ai essayé de parvenir au but sans l'aide de la théologie, ses preuves et sa méthode ; en d'autres termes, j'ai voulu atteindre Dieu sans Dieu. » Cette confidence de Husserl à

31. Voir DESCOMBES, *Grammaire d'objets en tous genres*, *op. cit.*, p. 69.

Edith Stein en décembre 1935 est confirmée par un passage d'un manuscrit inédit du 6 novembre 1933 : « Si une telle science [la phénoménologie] conduit pourtant à Dieu, son chemin vers Dieu serait un chemin vers Dieu athée...[32]»

Il ne faut pas solliciter ces confidences qui sont néanmoins révélatrices. Comme le précise Jocelyn Benoist : « Dans les œuvres publiées, l'athéisme méthodologique se présente comme autosuffisant[33]» et les inédits où se révèle la religiosité personnelle de Husserl ne sauraient être utilisés pour prétendre qu'il y aurait déjà chez Husserl un « tournant théologique », en quelque sorte au premier degré. Le fait même qu'on ne puisse citer que ces inédits à l'appui d'un prétendu « tournant » husserlien renforce au contraire, y compris en la lettre de ces « confidences », le souci d'une méthode rigoureusement « athée » chez Husserl (au premier sens dégagé plus haut). La question rebondit cependant à un niveau plus subtil. Réapparaît en effet, d'une manière infiniment respectable mais qui n'aurait pas surpris Mikel Dufrenne, cette théologie négative qui semble accompagner la phénoménologie comme son ombre et qui peut passer, à la lumière des analyses critiques de Descombes sur les ambiguïtés du « sens » en phénoménologie, comme une sorte de sanction de ces ambiguïtés (et peut-être leur raison dernière).

Constatant l'existence d'inédits husserliens où Dieu est défini de manière aristotélicienne[34], Jocelyn Benoist pose à ce propos la question décisive : « Le Dieu des inédits, sous les traits aristotéliciens de l'entéléchie et du principe, ne réinstitue-t-il pas tout simplement ce qu'on appelle une onto-théologie[35] ?» Question d'autant plus délicate qu'elle fait intervenir, cette fois-ci, un soupçon d'origine heideggérienne sur

---

32. Ces deux textes sont cités en tête du bel article de Jocelyn BENOIST, « Husserl au-delà de l'onto-théologie ?», *Les études philosophiques*, octobre-décembre 1991, p. 433. La suite du second passage fait état d'un « chemin athée vers l'humanité authentique absolument universelle ».

33. BENOIST, *art. cit.*, p. 434.

34. En particulier, le manuscrit F 24, « Formale Ethik und Probleme der praktischen Vernunft », cité par BENOIST, *art. cit.*, p. 439.

35. Jocelyn BENOIST, *art. cit.*, p. 436.

l'architecture complexe de la phénoménologie husserlienne. On peut montrer à la fois, comme le fait Benoist, que la libération husserlienne de l'apparaître destitue le concept de Dieu de son rôle fondateur traditionnel[36] et que, d'autre part, c'est la subjectivité transcendantale – et peut-être même l'intersubjectivité – qui prend la place de Dieu dans ce qui reste, malgré tout, une structure métaphysique. Faisant l'expérience difficile de la limite de toute fondation, Husserl nous donne-t-il alors « la chance d'une pensée athée du sacré qui ne sombre pas dans l'idolâtrie esthétisante ou conceptuelle[37] » ? On hésite à suivre Jocelyn Benoist sur ce terrain, dans la mesure même où – comme il le perçoit lui-même fort bien – il faut respecter le caractère très aporétique et singulièrement personnel d'inédits qui ne sont ni des textes canoniques de la phénoménologie, ni peut-être les inspirations les plus stimulantes d'une « pensée athée du sacré ».

Les difficultés, que nous allons retrouver pour finir avec Heidegger, pourraient être ainsi formulées : si ce questionnement a outrepassé les limites strictes de la phénoménologie, n'est-ce pas en suivant Husserl qu'il y a été conduit ? Dès lors, la phénoménologie, emportée par son projet même, ne semble-t-elle pas incapable de se cantonner à ses tâches spécifiques ? L'apparaître du phénomène ne se révèle-t-il pas justement en cet excès ? Heidegger en fournit une autre illustration. On se bornera ici à montrer l'extrême difficulté éprouvée par le Maître de Fribourg à respecter, à propos de la question théologique, les règles phénoménologiques initialement prescrites.

Dès l'automne 1922, Heidegger formule la position qui restera en principe la sienne tout au long de son œuvre : «... si la philosophie est fondamentalement athée [*grundsätzlich atheistisch*] et le comprend – alors elle a choisi décidément et retenu pour soi comme son objet la vie facticielle eu égard à sa facticité[38]. » La vie « facticielle » est l'existence humaine

36. Id., *ibid.*, p. 435.

37. Jocelyn Benoist, *art. cit.*, p. 437.

38. Martin Heidegger, *Interprétations phénoménologiques d'Aristote*, trad. J.-F. Courtine, Mauvezin, TER, 1992, p. 27.

offerte au regard phénoménologique ainsi dégagé de toute présupposition théologique. Cette mise à l'écart de la foi et de la théologie sera confirmée et renforcée par des mises en garde réitérées contre toute « philosophie chrétienne », qualifiée de « fer en bois » ou de « cercle carré[39] ».

Retrouvant ici le premier sens de l'athéisme, sans aucun signe d'un athéisme militant (au second sens), nous ne pourrions que saluer la cohérence méthodologique de cette position et nous en tenir là, si nous ne découvrions point, par ailleurs, dans le corpus heideggérien, les traces et les témoignages d'une autre pensée du Sacré et du Divin, laquelle ne s'en tient nullement à la description de « la vie facticielle eu égard à sa facticité ». Après avoir pris ses distances vis-à-vis de la position classique du problème de l'existence de Dieu et après avoir rejeté tout « indifférentisme » à cet égard, Heidegger écrit dans la *Lettre sur l'Humanisme* : « Ce n'est qu'à partir de la vérité de l'Etre qu'on peut penser l'essence du sacré. Ce n'est qu'à partir de l'essence du sacré qu'il faut penser l'essence de la Divinité. Ce n'est que dans la lumière de l'essence de la Divinité qu'on peut penser et dire ce que doit désigner le mot 'Dieu'[40]. » Cette série de préalables rétablit *de facto* l'intervention de la pensée au cœur d'un souci théologique renouvelé. Un pas de plus est fait lorsque l'approche de la chose comme telle semble appeler, au sein d'une unité quadridimensionnelle, la découverte de ceux qui sont ainsi qualifiés : « Les Divins sont ceux qui nous font signe, les messagers de la Divinité. De par la puissance cachée de celle-ci, le dieu apparaît dans son être, qui le soustrait à toute comparaison avec les choses présentes[41]. Dans les *Beiträge*, ce dieu est

39. M. HEIDEGGER, *Einführung in die Metaphysik,* Tübingen, Niemeyer, 1957, p. 6 ; *Introduction à la métaphysique,* trad. G. KAHN, Paris, P.U.F., 1958, p. 14.

40. M. HEIDEGGER, *Lettre sur l'Humanisme,* trad. R. MUNIER, Paris, Aubier, 1957, pp. 130-131 : « Erst aus der Wahrheit des Seins lässt sich das Wesen des Heiligen denken. Erst aus dem Wesen des Heiligen ist das Wesen der Gottheit zu denken. Erst im Lichte des Wesens von Gottheit kann gedacht und gesagt werden, was das Wort 'Gott' nennen soll »

41. ID., *Essais et conférences,* trad. A. PRÉAU, Paris, Gallimard, 1958, p. 212 ; *Vorträge und Aufsätze,* Pfullingen, Neske, 1954, p. 177 : « Die Göttlichen sind die winkenden Boten der Gottheit. Aus dem verborgenen Walten dieser

nommé « le dernier dieu » et est pensé au-delà de toutes les positions « théistes ou « athées » comme la possibilité la plus initiale réservée en notre histoire[42].

Si la vigilance de Heidegger s'exerce sans défaillance envers la théologie et la dogmatique chrétiennes, son refus explicite de l'athéisme (au second sens) se double ainsi d'une disponibilité entière à l'égard du « dieu qui vient » et d'un Sacré se réservant dans le « manque du Dieu » rendu patent par la détresse du monde moderne. Cette thématique (qui ne se présente certes plus principalement ni toujours comme strictement phénoménologique) vient se loger dans l'espace même d'où avait été exclue la théologie chrétienne avec le cortège de ses variantes philosophiques.

Voilà qui donne formellement raison à Mikel Dufrenne, tout en laissant ouverte la question de la possibilité ou de l'impossibilité d'une phénoménologie non théologique. Peut-on au moins ébaucher quelles seraient les conditions d'une telle phénoménologie ?

Il faudrait tout d'abord renoncer à identifier le projet phénoménologique avec celui d'une philosophie première qui serait en même temps « science rigoureuse » (cette ambition sans lendemain sous sa forme husserlienne réapparaît métamorphosée en une version plus subtile qui sera examinée au prochain chapitre). Accepter un pluralisme phénoménologique, c'est reconnaître d'ailleurs une situation de fait : il n'y a pas qu'une seule méthode descriptive, mais des styles fort différents les uns des autres, à la mesure de la richesse de la phénoménalité. Bien des degrés sont possibles entre le souci de fondation et les visées eidétiques, entre les champs d'étude aussi – de l'esthétique à l'herméneutique, de l'épaisseur perceptive ou imaginative aux idéalités logiques. Ce pluralisme implique qu'il n'y ait pas qu'une seule manière de se tenir phénoménologiquement dans la « double insécurité » dont parle Paul Ricoeur, du côté de l'investigation des appa-

---

erscheint der Gott in sein Wesen, das ihn jedem Vergleich mit dem Anwesenden entzieht ».

42. Id., *Beiträge zur Philosophie, Gesamtausgabe*, 65, p. 411.

rences ou apparitions, du côté de ce « dont il y aurait apparence ou apparition[43]».

Une démarche conséquente, complémentaire de la première, consiste à maintenir délibérément le moment phénoménologique sur le « seuil[44]» de la philosophie et à distance des questions métaphysiques ultimes. Telle est l'orientation méthodologique minimaliste, dont nous devons dégager plus complètement les possibilités[45]. Mais il faut, au préalable, s'assurer du respect d'un « athéisme méthodologique » dont Heidegger et déjà Husserl avaient reconnu la nécessité. Il ne suffit pas d'y faire une concession pour la forme et comme en passant[46]. Il faut vérifier si les ambitions de la phénoménologie comme philosophie première n'en compromettent pas l'exercice.

---

43. Paul RICOEUR, *À l'école de la phénoménologie, op. cit.*, p. 144.

44. En se référant de nouveau à Paul RICOEUR, *ibid.*, p. 159.

45. Voir *infra*, chap. 5.

46. Bien que Jean-Luc Marion ait eu le mérite de rappeler la réduction husserlienne du Dieu fondateur et l'exigence heideggérienne d'un « athéisme de méthode » (cf. *Étant donné, op. cit.*, p. 57 et les renvois à Husserl – § 58 des *Idées* – ainsi qu'à Heidegger, *Gesamtausgabe*, 20, pp. 177 et 211), on verra au prochain chapitre pour quelles raisons il y a encore lieu de douter que ces bonnes intentions méthodologiques aient été complètement suivies d'effets.

III
LES AVATARS DE LA PHILOSOPHIE PREMIÈRE

Que la phénoménologie soit une entreprise foncièrement philosophique, qu'elle s'articule autour d'un acte décisif de mise entre parenthèses de l'attitude naturelle, voilà deux éléments essentiels de l'héritage husserlien que toute phénoménologie digne de ce nom semble devoir réassumer aujourd'hui. Cependant, Husserl était plus ambitieux : il s'était fait le champion, grâce à la phénoménologie, d'une refondation de la philosophie comme science rigoureuse et philosophie première tout à la fois. À quelles conditions cette ambition peut-elle être réaffirmée ou déplacée ? et dans quelle mesure ? À l'intérieur de quelles limites ?

Quelles que soient les intentions affichées, elles doivent être confrontées avec leurs réalisations. Le plus phénoménologue n'est pas forcément celui qui se proclame tel ; et, si notre enquête ne s'enferme pas dans un concept tout fait de la phénoménologie, elle ne doit pas soustraire celle-ci à l'examen critique de ses mises en œuvre.

Quelle philosophie première ?

Il est évident que le projet d'une philosophie première selon Husserl n'est pas à prendre au sens aristotélicien. Quand on pose le problème du statut métaphysique de la phénoménologie, il faut être bien conscient de l'extraordinaire mutation intervenue à ce propos sous l'influence de Nietzsche et surtout du second Heidegger. Husserl, pour sa part, est persuadé d'avoir laissé de côté l'ancienne métaphysique et il n'entend pas restaurer ce qui est tombé « en désuétude[1] ». Ce qu'il met en œuvre, c'est une « science des sources originaires » ou encore une « science de la subjectivité transcendantale[2] ». Cette philosophie première (ou « dernière[3] ») tombe, même en tenant compte de cette mise au point, sous le coup des analyses critiques adressées à la métaphysique par le second Heidegger. En quel sens cette phénoménologie reste-t-elle métaphysique ? Non parce qu'elle aurait encore pour objets directs et « transcendants » les idées de la raison (le moi, le monde et Dieu), mais parce qu'elle entend toujours constituer une intelligibilité fondamentale du réel en fonction de la subjectivité transcendantale. Husserl a donc à la fois raison de penser qu'il s'est affranchi de la « vieille métaphysique », et tort de croire que son projet est dégagé de toute présupposition métaphysique (en un sens heideggérien qu'il ne pouvait admettre ni même sans doute concevoir). Cette analyse permet de montrer que le recours au concept de métaphysique doit être différencié et que la distinction entre « métaphysique générale » et « métaphysique spéciale » – qui peut paraître bien artificielle et qu'il ne faut certes pas utiliser de manière mécanique – contribue à jeter un peu de clarté sur un débat capital dont nous allons retrouver maintenant des prolongements très actuels.

Afin d'aborder de front et de manière plus positive le dernier livre de Jean-Luc Marion, *Étant donné*, il est essentiel à notre propos de ne pas perdre le fil de la philosophie première, car c'est ce fil qui nous permettra de reposer sur des bases plus sûres la question de la relation entre phénoménologie et métaphysique. Pour ce faire, arrêtons-nous brièvement à un texte récent de Marion[4] où se trouve précisé, dans cette perspective, le statut d'une phénoménologie de la donation.

---

1. Husserl, *Philosophie première*, trad. A. Kelkel, Paris, P.U.F., 1972, 1, p. 3 et l'Avant-Propos du traducteur, *ibid.*, 2, p. XVI.

2. Id., *ibid.*, 2, p. 4.

3. Id., *ibid.*, 2, Avant-Propos du traducteur, p. XLVI.

4. « L'autre philosophie première et la question de la donation », *Philosophie*, n° 49, mars 1996, pp. 68-83.

Après y avoir inventorié les différents sens que la philosophie première a revêtu traditionnellement, Marion rappelle que Husserl reprend à son compte cette ambition sur des bases nouvelles, exposées dans son cours de 1923-24, *Erste Philosophie.* Le caractère métaphysique des principes husserliens[5] est alors signalé avec une pertinence certaine, malgré tout un peu hâtive, pour mieux dégager et mettre en valeur un éventuel quatrième principe : « Autant de réduction, autant de donation. »

Cette thèse ne saurait nous surprendre, puisqu'elle a déjà été exposée par Michel Henry[6] et par Marion lui-même dans *Réduction et donation*[7]. Ce qui nous intéresse ici est de la réexaminer en fonction du statut qu'elle va permettre d'assigner à la phénoménologie comme philosophie première. Une opération assez subtile, mais éminemment discutable, est alors entreprise : elle consiste à prétendre que le nouveau principe peut être considéré comme principe « dernier » (parce qu'il suit toujours ce qui se donne). Mais un principe ultime n'est-il pas précisément premier, non pas empiriquement, mais en « dignité »? Marion en convient tacitement, puisqu'il admet que, sous cette forme, « la phénoménologie universalise le résultat cartésien[8]». De fait, le déplacement de la réflexion sur soi de la *cogitatio* vers la corrélation du donné à la conscience ne fait nullement quitter l'horizon cartésien (d'ailleurs formellement revendiqué par Husserl); au demeurant, la certitude est aussitôt reprise en compte en ces termes peu ambigus : « La donation s'érige donc, par sa certitude et son universalité de principe, en principe inconditionné[9]. »

Cette démonstration ne va nullement de soi. Des « précautions[10]» sont nécessaires, concède-t-on. Il n'en reste pas

---

5. Ces trois principes sont : « Autant d'apparaître, autant d'être »; « Retour aux choses mêmes ! »; enfin, le privilège de l'intuition originaire.

6. Voir Michel Henry, « Quatre principes de la phénoménologie », *Revue de Métaphysique et de Morale,* n° 1/ 1991, pp. 3-26.

7. Jean-Luc Marion, *Réduction et donation. Recherches sur Husserl, Heidegger et la phénoménologie,* Paris, P.U.F., 1989.

8. Id., « L'autre philosophie première... », *art. cit.,* p. 78.

9. *Ibid.,* p. 80.

10. *Ibid.,* p. 82.

moins que, grâce au renversement du principe – de premier devenant dernier –, la phénoménologie se trouve bel et bien réintronisée comme « l'autre philosophie première », projet qu'elle « assume et détruit à la fois[11] ».

Beaucoup d'habileté pour un résultat ambigu ! Quoi de plus louable de la part d'un phénoménologue que de rendre la priorité au phénomène ? Mais cela l'autorise-t-il à prétendre que « la phénoménologie n'appartient pas elle-même à la métaphysique[12] » ? Il faudrait alors préciser beaucoup plus rigoureusement les termes ainsi convoqués et, en particulier, ce qu'on entend par métaphysique.

Cette difficulté capitale se retrouve dans *Étant donné*. On y reproche à votre serviteur de ne pas avoir assez précisé son concept de métaphysique (ou, plus précisément, de « métaphysique spéciale ») en termes historiquement assez documentés[13], mais le « compliment » peut être retourné à l'envoyeur. Il faudrait qu'on nous montre en quoi un principe dernier présenté comme inconditionné et universel, ainsi que comme « sans reste », n'est plus métaphysique. Que veut dire ici métaphysique ? Suffit-il, pour s'en débarrasser (à supposer qu'on y arrive), de mettre de côté le privilège transcendantal du *Je* ainsi que les apories de l'*ousia* et de la substance ?

C'est bel et bien l'immense question de la relation entre phénoménologie et métaphysique qu'il faut reprendre sur des bases aussi claires que possible, sans se contenter de distinguer « deux régimes ». Peut-on passer à volonté du régime

11. *Ibid.*, p. 83.

12. *Ibid.*, p. 75.

13. Voir *Étant donné, op. cit.*, pp. 106-107. Marion utilise alors un passage de *La puissance du rationnel* (Paris, Gallimard, 1985, p. 340) où j'assumais un certain reste de métaphysique générale sous la forme du « désir d'intelligibilité ». Mais d'une part, il est étrange de me reprocher de ne pas donner une « définition » de la métaphysique spéciale dans un contexte qui n'a rien d'une étude d'histoire de la philosophie ; d'autre part et surtout, je n'avais alors nullement le projet de « m'innocenter ». Il s'agissait , au contraire, de reconnaître la difficulté de se libérer de tout présupposé métaphysique (au sens du « rendre raison », tel que Heidegger en analyse la puissance, en particulier dans *Der Satz vom Grund*), y compris dans une généalogie critique de la rationalité. Au demeurant, je n'ai jamais cru ni prétendu que le « désir d'intelligibilité » fût « simple ».

métaphysique au régime phénoménologique, comme s'il s'agissait de deux paliers d'un changement de vitesse ? Déjà, dans le *Tournant théologique*[14], avait été mise en question cette affirmation d'un texte déjà ancien de Marion : « La phénoménologie n'introduit pas à la métaphysique, elle en sort[15]. » *Étant donné* vient-il apporter une réponse claire à notre interrogation (qui n'a rien d'une attaque polémique, mais réclame un éclaircissement essentiel à la cohérence même du projet de Marion) ?

Autant *Étant donné* se fait prolixe sur les ambitions spécifiques d'une phénoménologie de la donation (souvent confondue avec la phénoménologie tout court), autant ce livre reste elliptique sur la question de la métaphysique et son statut pour une phénoménologie renouvelée. Nous avons vu que cette phénoménologie revendique une certaine réactivation de la « philosophie première » comme « philosophie dernière ». Demeure-t-elle ainsi métaphysique ou, au contraire, rompt-elle avec celle-ci, comme elle semblait le postuler ? Deux formules voisines d'*Étant donné* laissent perplexe : « La phénoménologie ne rompt décidément avec la métaphysique qu'à partir du moment et dans l'exacte mesure – qui reste le plus souvent flottante – où elle parvient à ne nommer et penser le phénomène *a)* ni comme un objet.... *b)* ni comme un étant...[16] » Et le prière d'insérer du livre comporte un libellé voisin, toujours paradoxal : « La phénoménologie ne rompt avec la métaphysique que dans l'exacte et imprécise mesure où elle renonce à décrire les phénomènes comme des objets ou des étants pour les reconnaître, par une dernière réduction, dans leur pure donation[17]. »

Pourquoi, sur une question aussi capitale, dont personne ne conteste la difficulté, faudrait-il admettre que la mesure soit à la fois « exacte et imprécise » ou « exacte et le plus souvent flottante » ? Constatons qu'aucune justification ne nous

---

14. *Le tournant théologique..., op. cit.*, p. 42.

15. *Phénoménologie et métaphysique,* sous la direction de G. Planty-Bonjour et J.-L. Marion, Paris, P.U.F., 1984, pp. 10-11.

16. *Étant donné, op. cit.*, p. 439.

17. *Ibid.*, 4e p. de couverture.

en est fournie (en fait de donation...). On croit comprendre que la phénoménologie de la donation prétend rompre avec la métaphysique, dans la mesure où elle est d'autant plus strictement adonnée à la forme pure et inconditionnée de la donation elle-même : elle « en finit radicalement avec le 'sujet'[18] » et elle congédie l'objectité aussi bien que l'étantité du donné.

Il y a là, de toute évidence, une reprise en compte – quelque peu schématisée – d'une intention de pensée venue du second Heidegger. Mais un insolite retournement est simultanément opéré contre celui-ci : distorsion de l'approche de l'*Ereignis,* insoutenablement réduit à un avènement ontique[19]; et, d'autre part, silence sur tous les textes avec lesquels une explication serait éclairante, en particulier sur le point suivant : Heidegger n'a jamais prétendu qu'il suffisait de se placer « en régime phénoménologique » pour rompre avec la métaphysique. En revanche, sa thèse, cette fois-ci très claire, est que la méditation de *l'essence* de la métaphysique permet une appropriation et une relative libération des présupposés et du langage de la métaphysique[20]. Cependant, cette « sortie » de la métaphysique ne saurait procéder seulement ni même principalement du bon vouloir humain : elle se reconnaît tributaire d'une motion destinale. On ne peut prétendre critiquer Heidegger ou prendre ses distances à son égard, sans s'expliquer sur ce point capital.

En effet, face à la difficulté de la question du « dépassement » de la métaphysique et compte tenu de la complexité du travail de déconstruction/appropriation effectué par le second Heidegger, un souci minimal de clarté doit imposer une distinction entre les intuitions personnelles, d'une part, et la situation effective de la pensée occidentale, d'autre part.

De toute évidence, il ne suffit pas de vouloir dépasser la métaphysique pour y parvenir effectivement. Et l'entreprise

---

18. *Ibid.,* p. 440.

19. *Ibid.,* pp. 54 *sq.*

20. Voir HEIDEGGER, « Le retour au fondement de la métaphysique », *Questions I,* Paris, Gallimard, 1968, pp.25-26 ; *Was ist Metaphysik ?,* Frankfurt, Klostermann, 1960, p. 9.

phénoménologique est à cet égard extrêmement ambiguë, puisque d'un côté elle renonce à rechercher l'au-delà des phénomènes en faveur de leur apparaître, de l'autre elle ne se débarrasse pas facilement – à supposer qu'elle y aspire, ce qui n'est pas le cas chez Husserl – de tout l'appareil conceptuel hérité du platonisme, à commencer par l'*eidos*, la vérité-adéquation, etc. Mettre en relation et *a fortiori* opposer globalement « la phénoménologie » et « la métaphysique », sans autre forme de procès, expose donc aux plus grandes confusions.

De plus, Heidegger a insisté sur une difficulté grandissime dans l'entreprise de dégagement par rapport à la métaphysique : le poids de nos langues occidentales : « Le nœud de la difficulté réside dans le langage. Nos langues occidentales, chacune à leur façon, sont des langages de la pensée métaphysique[21]. » Qu'on soit d'accord ou non avec ce qui est ici pointé, on ne peut avoir recours à des épithètes comme « pur », « absolu », « inconditionné » (ce que Marion fait abondamment), en feignant d'ignorer leurs connotations métaphysiques, sous prétexte qu'on a décidé de se placer « en régime phénoménologique ».

De même, le recours final à la « dignité du concept » devrait laisser songeur un lecteur déjà surpris qu'on ait, dès l'orée du livre, prétendu que la métaphysique « démontre », alors que la phénoménologie « montre ». Comme si toute grande métaphysique devait être de bout en bout conceptuelle et devait « démontrer »! Est-ce le cas, par exemple, de la philosophie positive chez Schelling ? Et, du côté de la phénoménologie, la situation est-elle si simple que l'avance cette mise au point de la page 13 d'*Étant donné* : « Montrer implique de laisser l'apparence apparaître de telle manière qu'elle accomplisse sa pleine apparition, afin de la recevoir exactement comme elle se donne »?

Cette réception exacte d'une pleine apparition régresse, dans ses termes les plus stricts, à une métaphysique de la présence pleine, verrouillée par une conception de la vérité comme adéquation. Et cette phénoménologie – concep-

---

21. Id., *ibid.*, p. 307 ; *Identität und Differenz*, Pfullingen, Neske, 1957, p. 72.

tuelle, ajustée, impérieuse – prétend rompre avec la métaphysique ! Toute la méditation heideggérienne sur l'essence de la vérité, ainsi que sur l'historialité de la métaphysique, paraît ainsi annulée d'un coup (quelques traits de plume et de lourds silences).

Mais l'on n'efface pas la pensée de Heidegger comme un problème mal posé sur un tableau noir, quand par ailleurs on s'inspire si intimement d'elle. Je n'oppose nullement ceci à Jean-Luc Marion par souci d'une « orthodoxie », mais pour le renvoyer à ses propres présupposés : que peut signifier « rompre avec la métaphysique », si l'on fait l'impasse sur les deux points essentiels qui viennent d'être rappelés ? Il faudrait au moins tenter de l'expliquer.

Quant à la question de savoir si l'on peut dissocier les deux faces de la structure onto-théologique[22], elle est tout à fait pertinente ; mais il faut la poser à fond et en assumer tous les attendus[23]. Dès les premières pages d'*Étant donné,* on affirme à la fois que « la phénoménologie s'excepte de la métaphysique », mais que cette assertion ne peut être soutenue « jusqu'au bout ». Pourquoi ? Parce que « la frontière entre métaphysique et phénoménologie passe à l'intérieur de la phénoménologie – comme sa plus haute possibilité[24] ». Cette mise au point bien elliptique exige une explicitation. Ce qui en ressort est le constat (ou l'aveu) que le dégagement hors de la métaphysique n'est pas aussi évident ni facile que certaines formules le laissent croire : toute une partie de la phénoménologie reste immergée dans la métaphysique ;

22. *Étant donné, op. cit.*, pp. 106-107, n.

23. Sans prétendre avoir répondu complètement à cette exigence, *La puissance du rationnel* pose la question de savoir si, malgré sa déthéologisation, une autoréférence inéliminable (alors dénommé Nouveau Sens) n'assure pas une rémanence de l'absolu au sein du développement scientifico-technique contemporain, rendant ainsi la structure onto-théologique méconnaissable sans toutefois l'annuler (voir le dialogue « La rationalité comme partage », *La puissance du rationnel, op. cit.*, pp. 297-304). Selon Heidegger lui-même, si la structure onto-théologique est encore décelable dans la métaphysique de Nietzsche, elle ne semble pas pouvoir être identifiée si littéralement dans un monde technique marqué par l'*Entgötterung.*

24. *Ibid.*, p. 9.

Marion le reconnaît à propos de Husserl et de Heidegger : il ne devrait peut-être pas s'excepter trop facilement lui-même de ce lot. Dès lors, si les deux faces de la structure onto-théologique ne sont pas dissociables (d'après Marion lui-même affirmant suivre sur ce point Heidegger), est-il surprenant que la phénoménologie (dans la mesure où elle reste encore métaphysique) garde des rémanences théologiques ? En outre, si la phrase citée a un sens, elle signifie que la plus haute possibilité de la phénoménologie serait d'atteindre enfin la frontière avec la métaphysique et de la tracer le plus nettement possible. Cette attente n'est guère comblée par *Étant donné* où règne à ce propos le flou déjà déploré.

En tout cas, c'est une véritable contre-vérité que de m'attribuer une interprétation « causaliste » de la donation, introuvable dans *Le tournant théologique*[25]. Comment Jean-Luc Marion, dont je ne veux pas mettre en cause l'honnêteté intellectuelle, est-il conduit à un tel contresens ? Des sinuosités des quelques pages d'*Étant donné* qui prétendent me réfuter[26] on peut du moins tirer une idée claire qui consiste à m'attribuer l'interprétation théologique de la donation, qui serait donc purement imaginaire. Mais on a pu déjà constater, et il faut le souligner, qu'à aucun moment les mots causalité ou *causa sui* ne sont apparus sous ma plume dans *Le tournant.* Qu'y ai-je écrit précisément et littéralement ? Nullement que *Réduction et donation* serait directement théologique, soit au sens de la *sacra doctrina,* soit au sens de la théologie rationnelle. Encore une fois, c'eût été faire perdre à cette affaire tout son sel qui vient, au contraire, du fait qu'on prétend strictement phénoménologiques des énoncés dont l'ambiguïté est aisément utilisable dans un autre contexte, théologique celui-là. En effet, d'une part, Marion exploite l'ambiguïté de la notion de donation ; et cela il n'a pu vraiment le

25. On lit à la p. 115 d'*Étant donné* : «...le don se résume à l'effet d'une cause efficiente (D. Janicaud) ». Aucune citation précise ne permet d'étayer, et pour cause, cette allégation déjà formulée dans « L'autre philosophie première... », *art. cit.,* p. 80, n. 18.

26. *Étant donné, op. cit.,* pp. 104-107.

contester[27]. Deuxièmement, il est phénoménologiquement discutable d'attribuer à la donation une autoréférence effective : les mots qui apparaissent à la page 51 du *Tournant* sont « autosuffisance » et « autofondation » (et c'est particulièrement ce dernier qui paraît relever de la « métaphysique spéciale »). On m'oppose que je n'aurais pas compris que la donation en question « revient au seul donné » et qu'il s'y agit de « l'apparaître pur d'un phénomène[28] ».

Je ne demande qu'à l'admettre, mais les arguments produits restent peu convaincants. D'une part, l'appel à Husserl[29] suppose, pour être pertinent, qu'on ait démontré que c'est bien la notion de donation (au sens de Marion) qui intervient dans la *Gegebenheit* ; or nous allons établir que ce n'est pas le cas. D'autre part, le texte même d'*Étant donné* prétend exploiter à fond l'autoréférence de la donation, en pensant le « soi » du donner[30] jusqu'à vouloir, par exemple, rendre « à la donation le droit qu'elle exerce sur le donné[31] ». Mais comment « l'apparaître pur » peut-il exercer le moindre droit sur le donné ? Non seulement on unifie ainsi le donné à partir de l'autoréférence de la donation, mais on prête à cette donation une autorité de type juridique, quasi personnalisée (ou c'est bien le cas, ou la notion de droit n'a ici aucun sens). Je veux bien qu'il ne s'agisse pas de théologie ; mais alors de quoi s'agit-il ?

La poursuite de la discussion, portée cette fois-ci au cœur d'*Étant donné* et à propos de la « saturation » des phénomènes, permettra-t-elle d'y répondre ? Avant d'en arriver là, et pour que la question de la « théologisation » de la phénoménologie soit reposée en toute clarté à partir de ses préa-

27. Tout en prenant en compte ma remarque, il ergote sur le verbe « exploiter », en prétendant qu'il n'a fait que reconnaître cette ambivalence comme un « fait » (*Étant donné*, p. 91, n.). Pourtant, le moindre épistémologue sait de nos jours que les faits purs n'existent pas. Et pourquoi nier que la donation permette du « jeu », puisqu'on s'efforce par ailleurs d'en déployer le Pli ?

28. *Étant donné*, *op. cit.*, p. 107.

29. *Ibid.*, p. 105.

30. *Ibid.*, p. 102.

31. *Ibid.*, p. 103.

lables, il est indispensable de préciser que l'ensemble de la théorie phénoménologique de la donation s'appuie sur des traductions et des lectures très personnelles de Husserl et de Heidegger.

Des traductions aux interprétations

Traduire est-il un acte indifférent ? Si ce n'est déjà pas le cas pour un diplomate ou pour un homme d'affaires, que dire du philosophe ? La difficulté semble bien plus prononcée pour Heidegger que pour Husserl. Et pourtant, les traductions qu'assume Jean-Luc Marion en matière husserlienne sont aussi révélatrices que contestables. Révélatrices parce qu'elles entendent démontrer que la définition husserlienne du phénomène « repose tout entière sur la donation[32] ». Contestables, tout simplement parce que, loin d'être littérales, elles sollicitent souvent mots et contextes.

Le mot-clé pour Marion est donation. Celle-ci, en bon français, est un acte juridique par lequel une personne transmet un bien à une autre personne[33]. Bien entendu, un philosophe a le droit de déplacer l'usage reconnu d'un mot en fonction de son inspiration originale. Encore faut-il qu'il justifie suffisamment ces déplacements et que, ce faisant, il ne reste pas insensible à sa propre langue (même s'il abstrait la donation de toute procédure juridique, il ne peut empêcher que le mot garde une connotation ontique et même personnalisée).

Ce qui paraît éminemment contestable n'est donc nullement l'appropriation du mot donation et le principe de sa greffe philosophique. Marion a d'ailleurs reconnu que j'avais posé une « juste condition pour approuver son entreprise[34] » : « mettre en question la notion de donation et s'interroger sur son sens phénoménologique[35] » me paraissait et me paraît

32. *Ibid.*, p. 34.

33. Plus précisément, pour le dictionnaire Robert, un « contrat solennel par lequel le donateur (ou disposant) se dépouille actuellement et irrévocablement de la chose donnée en faveur du donataire qui l'accepte ».

34. Marion, *Étant donné*, *op. cit.*, p. 60, n.

35. Janicaud, *Le tournant théologique...*, *op. cit.*, p. 51.

toujours légitime. Pourquoi cependant trouver encore à redire dans *Étant donné* ? En constatant, certes à regret, que la notion de donation y reste surinvestie, d'une manière qui fait particulièrement difficulté quand elle est rétrospectivement projetée sur des traductions de Husserl et de Heidegger. En effet, avant même d'examiner la cohérence propre de la phénoménologie de la donation telle que la soutient Marion, il s'agit de déterminer si certains textes de Husserl et de Heidegger – sur lesquels on prétend s'appuyer – veulent vraiment dire ce qu'on entend leur faire dire et si les traductions qui en sont proposées sont soutenables. Or traduire systématiquement la *Gegebenheit* husserlienne par « donation » et le *Geben* heideggérien par le même mot est non seulement inexact, mais conduit à de sérieuses distorsions. Nous allons sans tarder en produire quelques spécimens.

La *Gegebenheit* désigne littéralement le fait d'être donné, mais avec une ambiguïté – bien relevée par A. Lowith et par Marion lui-même[36] – entre ce qui est donné et le fait d'être donné. Cette dernière périphrase s'avérant trop lourde, les traducteurs de Husserl (en particulier, Ricoeur, Lowit, Kelkel) préfèrent le plus souvent « le donné », « la donnée » ou même « la présence ». Ces traductions ont leur légitimité suivant le contexte. En revanche, l'unification de cette aire sémantique sous le terme de « donation » s'impose-t-elle ? Une donation en allemand se dit *eine Schenkung*. C'est tout différent. Marion argumente en faveur de sa traduction en faisant valoir que la donation comme « pli du donné » est un « concept consistant[37] ». Justement ! Il ne l'est que trop, uniformisant[38] sous sa propre polysémie – imposée bizarrement comme un fait sans « le moindre jeu[39] » – sa « pression » et son

---

36. Marion, *Étant donné, op. cit.*, p. 98.

37. Id., *ibid.*, p. 97.

38. Uniformisation reconnue et assumée : voir *ibid.* «... notre choix de traduire uniformément par donation... »

39. Voir *ibid.*, p. 91, n. Cette conception de l'ambivalence sémantique comme un « fait » excluant tout « jeu » semble soudain étrangement positiviste (et de même, l'idée que la donation pourrait être « l'équivalent français » de la *Gegebenheit* – voir *ibid.* p. 97 –, comme si une traduction philosophique n'était qu'un mécanisme d'équivalences).

« autorité[40] » sur le paraître. Décidément la « traduction » de la *Gegebenheit* husserlienne a fait changer d'horizon.

Sans accabler le lecteur sous un trop grand nombre de références, citons quelques exemples de la lecture par Marion de passages décisifs de *Philosophie première* et surtout de *L'idée de la phénoménologie.*

La lecture de la 33e leçon de *Erste Philosophie* offre un exemple des coups de pouce opérés sur le texte. Le « strict mode phénoménologique » de Husserl n'y ferait pas référence à la nécessité[41]; or, non seulement cette allégation est littéralement contredite à plusieurs reprises[42], mais elle rend incompréhensible le projet même de cette 33e leçon, qui est de montrer que l'existence factuelle du monde – aussi confirmée soit-elle par l'expérience de ma conscience – reste lestée d'une irréductible contingence (ou non-nécessité). La connaissance de cette contingence est qualifiée bizarrement d'« arrivage » dans *Étant donné.* Fallait-il extraire cet « arrivage » du commerce des fruits et légumes pour l'élever à la dignité d'un concept philosophique ? On l'eût plus facilement accepté si la problématique husserlienne en avait été clarifiée. C'est l'inverse qui se produit : on lit que « la contingence phénoménologique (l'arrivage) compose avec la donation en personne[43] ». Or, chez Husserl, il n'y avait à proprement parler ni « arrivage », ni donation « en personne », ni donation de soi « en chair », ni même de « composition ». La 33e leçon explicite le constat que Husserl fait d'emblée à propos de l'ambivalence de la perception de la chose comme « mixte d'autodonation propre et de co-intention »: il y a contemporanéité (et non pas composition) entre mon expérience perceptive du donné lui-même et sa constante contingence épistémique (*Erkenntnisskontingenz).* Il faut penser

---

40. Ces expressions se trouvent littéralement à la p. 102 d'*Étant donné.*

41. Ce qui est affirmé à la p. 192 d'*Étant donné.*

42. A la fois dans le texte de HUSSERL (*Erste philosophie (1923/24),* II, Husserliana, VIII, pp. 44, 49) et chez MARION lui-même (*Étant donné,* p. 194-195 ; et p. 196 : « ce qui, en termes métaphysiques, se nomme une contingence »).

43. *Étant donné, op. cit.,* p. 193.

ensemble la confirmation intentionnelle de la présence du donné et la connaissance que tout cela (le monde) pourrait ne pas être. Cette dernière connaissance – qui n'a rien d'un « arrivage » – est, d'ailleurs, formulée en une proposition : « Le monde est ». Husserl identifie une corrélation dont les deux termes sont dits « traitables » (*verträglich*) précisément parce qu'il y a tension entre eux. Loin de permettre l'introduction d'une « contingence supérieure » qui donnerait une sorte d'« initiative[44] » au phénomène en le dégageant de la nécessité, on a affaire dans ce passage à la coprésence de la certitude intentionnelle du donné et de la connaissance de son irréductible contingence. La richesse du donné ne fait point nécessité.

Si l'on se tourne maintenant vers *L'idée de la phénoménologie,* on constate que Husserl y écrit à propos du deuxième stade de la réflexion phénoménologique : « Ce n'est pas le phénomène psychologique saisi dans l'aperception et l'objectivation psychologique, qui est véritablement une donnée absolue, mais seulement le phénomène pur, le phénomène réduit[45]. » Le sens est clair : c'est la réduction qui « purifie » le phénomène pour lui donner le statut de pur donné ; seul le phénomène réduit (et non le phénomène psychologique) est une donnée absolue.

À propos du même passage et grâce au coup de pouce de la traduction de *Gegenbenheit* par « donation », Marion en vient à affirmer que « seule la réduction fait accéder à la donation absolue et n'a pas d'autre but qu'elle[46] ». Deux idées ont été introduites par rapport à la lettre (et à l'esprit) du texte husserlien : la notion même de donation pourvue d'une ipséité (ce qui est signé Michel Henry et non Husserl,

44. Ces deux expressions se trouvent à la p. 196 d'*Étant donné.*

45. HUSSERL, *L'idée de la Phénoménologie,* trad. A . LOWIT, Paris, P.U.F., 1970, p. 108 ; Husserliana, II, p. 7 : « Nicht das psychologische Phänomen in der psychologischen Apperzeption und Objektivation ist wirklich eine absolute Gegebenheit, sondern nur das reine Phänomen, das reduzierte ». À la p. 24 d'*Étant donné, wirklich* n'est pas traduit.

46. MARION, *Étant donné, op. cit.,* p. 24. Une faute d'impression non corrigée prive d'ailleurs de sens les 3e et 4e lignes du 2e alinéa de cette page.

comme le confesse la note de la même page); l'idée que la donation serait le « but » de la réduction, alors que pour Husserl c'est *le statut du donné* qui est modifié par la réduction.

À la même page, la deuxième étape de la démonstration sollicite à nouveau le texte husserlien. Alors que Husserl affirme que la réduction phénoménologique, mettant de côté la question de l'existence du transcendant, exclut tout ce qui n'est pas « une donnée absolue de la vue pure », Marion y voit une définition du transcendant réglée par « ce que la réduction y maintient ou non de donation ». En fait, Husserl ne se préoccupe plus ici d'une donation factuelle : il envisage le statut (absolutisé) du donné livré à la « vue pure ».

N'ayant rien à objecter à la troisième étape, passons à la quatrième. Husserl aurait écrit, d'après *Étant donné* : «... la donation d'un phénomène réduit en général est une [donation] absolue et indubitable[47]. » Or la phrase complète de Husserl est plus complexe et même littéralement opposée : « C'est-à-dire que, à propos du cas singulier d'une *cogitatio,* par exemple d'un sentiment, il nous serait peut-être permis de dire : ceci est donné, mais en aucun cas il ne nous serait permis de risquer la proposition la plus générale : le donné d'un phénomène réduit en général est absolu et indubitable[48]. »Husserl ne dit pas, comme l'avance Marion, qu'il « revient à la seule donation d'établir le facteur commun » entre le phénomène réduit et son indubitabilité, il dit seulement, du moins dans cette phrase, qu'un donné singulier (un sentiment) ne permet pas de passer au caractère « absolu et indubitable » du phénomène réduit. Le texte et le contexte sont clairs chez Husserl : la réduction ne saurait se limiter aux « données phénoménologiques singulières de la *cogitatio* ». Quant au privilège de la « seule donation », il n'en est point trace ici.

---

47. Id., *ibid.*, p. 25.

48. Husserl, *L'idée de la Phénoménologie, trad. cit.*, p. 76; Husserliana, II, p. 50 : « Nämlich für den singulär vorliegenden Fall einer *cogitatio* , etwa eines Gefühls, das wir gerade erleben, dürften wir vielleicht sagen : das ist gegeben, aber beileibe dürften wir nicht den allgemeinsten Satz wagen : *die Gegebenheit eines reduziertes Phänomens überhaupt ist eine absolute und zweifellose.*»

En ce qui concerne maintenant Heidegger, le « geben », pour une fois, ne recèle aucun « piège »: il s'agit bien du « donner », en sa force verbale, mais certainement pas du substantif, donation. Lorsqu'on traduit le verbe *geben* par le substantif « donation », cette force verbale du *geben* se trouve occultée, ainsi que la différence entre ce « donner » et le don (*Gabe*). Mais cette traduction contestable fait partie d'un ensemble et le dispositif interprétatif qu'elle permet s'appuie également sur les traitements imposés au mot *Ereignis* et à l'expression *Es gibt.*

Traduire *Ereignis* par « avènement » (sans autre forme de procès ni d'avertissement ou de précaution) conduit à effacer l'essentiel de ce que Heidegger veut faire entendre en cette pierre de touche de son ultime chemin de pensée[49]. En bon français, un avènement est toujours déterminé et a un objet : c'est l'arrivée (ou l'action d'arriver) du Rédempteur, d'une ère nouvelle, d'un roi[50]. Tel n'est justement pas l'*Ereignis,* encore moins lié à un étant ou à l'étant en général que l'être (de l'étant). Une lecture ontique de l'*Ereignis* fait violence à l'intention la plus expresse du penseur : penser, à partir de l'*Ereignis,* l'être sans l'étant[51]. À cet argument, qui n'est peut-être pas négligeable, ajoutons une objection d'apparence plus technique, mais non moins grave : la traduction par « avènement » fait perdre complètement le jeu de mots, si capital pour Heidegger, entre *Ereignis* et *eigen, eigens* avec tous leurs dérivés, c'est-à-dire avec toute la problématique du

49. On m'opposera que, sur ce point, le « mauvais exemple » a été donné par Roëls et Lauxerois qui adoptaient déjà cette traduction dans *Questions IV* (voir pp. 55 sq.). Mais je note que déjà, dans ce volume, François Fédier, plus avisé, préfère ne pas traduire *Ereignis* (voir sa note *ibid.,* p. 51). Heidegger ayant très explicitement marqué qu'il détache l'*Ereignis* de l'usage commun, en tant que *singulare tantum,* il faut – pour respecter son intention de pensée – ou ne pas traduire cet hapax, ou adopter une traduction qui mette l'accent sur l'appropriation, comme l'a fait Reiner SCHÜRMANN en proposant « l'événement d'appropriation », tout en marquant la tension qu'occulte cette traduction elle-même (voir *Des hégémonies brisées,* Mauvezin, TER, 1996, pp. 697, 727).

50. Voir le dictionnaire ROBERT, art. *Avènement.*

51. HEIDEGGER, « Zeit und Sein », *Zur Sache des Denkens,* Tübingen, Niemeyer, 1969, p. 25.

« propre » et de l'appropriation[52] (ce qui va s'avérer particulièrement dommageable à l'intelligence de la conférence « Temps et être » où l'émergence de l'*Ereignis* n'est compréhensible qu'à partir de la tentative de penser le « propre » de l'être et du temps)[53]. La traduction d'*Ereignis* par « avènement » occulte à tel point l'effort de pensée de Heidegger qu'il ne serait pas exagéré d'en conclure que c'est elle, non l'*Ereignis,* qui est « un recouvrement[54] » !

Quant à la traduction systématique de *Es gibt* par « cela donne », elle se veut plus fidèle à « la précision du concept ». Mais c'est oublier d'une part que *Es gibt* n'est pas un concept, mais une expression détachée pour faire entendre ce qu'aucun concept ne peut saisir, d'autre part, que cette expression est l'une des plus courantes de la langue allemande. Certaines des occurrences heideggériennes, qui reprennent cet usage courant[55], deviennent littéralement incompréhensibles quand on jargonne avec « cela donne ». Non qu'il soit absurde ni insignifiant de faire entendre ce que l'usage masque[56] et que Heidegger lui-même pointe (en majusculisant le *es* de *Es gibt*), mais une explicitation ne saurait s'imposer comme seule et unique traduction. En fait, rendre le *es gibt* plus actif et déterminé qu'il n'est le rabat (comme tout à l'heure l'*Ereignis*) sur l'ontique. Prétendre échapper à celui-ci mieux que Heidegger est une opération pour le moins acrobatique, puisqu'elle consiste à refaire du *es*

---

52. Sans compter qu'il faut y entendre aussi le « rendre visible » du vieil allemand *er-äugen* auquel Heidegger rattache également explicitement le sens singulier qu'il entend donner à l'*Ereignis.* Voir HEIDEGGER, *Questions I,* Paris, Gallimard, 1968, p. 270 ; *Identität und Differenz,* Pfullingen, Neske, 1957, pp. 28-29.

53. HEIDEGGER, *Questions IV, trad. cit.,* pp. 18, 33, 35, 42 ; « Zeit und Sein », *op. cit.,* 5, 15, 16, 21.

54. Voir MARION, *Étant donné, op. cit.,* pp. 54 sq.

55. C'est en particulier le cas des citations de *Sein und Zeit* données en note à la p. 53 d'*Étant donné*: Heidegger met « es gibt » entre guillemets parce qu'il se réfère à l'usage courant de l'expression, qui n'est évidemment pas à la hauteur du questionnement proprement ontologique. Cf. *Sein und Zeit,* pp. 212, 230, 316.

56. D'ailleurs, François Fédier ne le prétend pas dans sa mise au point (voir HEIDEGGER, *Questions IV, trad. cit.,* p. 49).

un sujet actif (qu'on traduise par 'il' ou par cela), alors que Heidegger y décèle le « temps propre » de l'*Ereignis*. Qui a pointé le danger que *Étant donné* prétend conjurer, sinon Heidegger lui-même ? Avoir l'ambition de faire mieux que lui sans prendre en compte sérieusement la question du temps et à partir d'un mot lui-même fortement connoté ontiquement (la donation) est une gageure difficilement soutenable.

À quoi aboutissent toutes ces traductions forcées ou sollicitées ? Un mauvais esprit répondra : à mettre en place un nouveau jargon post-heideggérien. Ce n'est que le résultat le plus superficiel de l'opération. Plus profondément, ces traductions s'inscrivent dans un dispositif interprétatif destiné à « neutraliser » un objet bien encombrant : la pensée même de Heidegger. La thèse est lumineuse : Heidegger a bien découvert « certaines propriétés de la donation », mais il a craint « d'avouer la prééminence de la donation » en privilégiant l'*Ereignis*. Ayant reculé devant cette découverte capitale, « il masque plus qu'il ne montre. Et masque surtout qu'il masque[57] ».

Quand on revient au texte, c'est-à-dire à « Temps et être », cette conférence extraordinairement dense, on constate qu'il en est tout autrement. Prenons un exemple très précis et tout à fait capital (car c'est le pivot de la lecture de l'*Ereignis* comme « recouvrement »). Heidegger écrit : « Die Gabe von Anwesen ist Eigentum des Ereignens ». Quelle « traduction » dans *Étant donné* ? « Le don de la présence revient à l'avènement[58]. » La réduction de l'*Ereignis* à l'ontique est ainsi parachevée par l'insoutenable schématisation de « ist Eigentum » que plaque la relation sèche du « revenir à[59] ». La correspondance sémantique entre « eigentum » et « Ereignis » est supprimée sans pitié et sans égard pour ce que veut dire Heidegger : non pas que le don de la présence est en quelque sorte subordonné à un quelconque avènement, mais ceci : « Le don du présent est propriété de l'appropriation qui

57. Marion, *Étant donné, op. cit.*, p. 59.

58. Id., *ibid.*, p. 58.

59. Même en tenant compte de l'ambiguïté du verbe « revenir ».

advient[60]. » Loin que le « donner » (du temps) soit occulté par l'*Ereignis,* celui-ci en est le déploiement le plus propre. Quant à l'être, dont il est question dans la courte phrase qui suit et où Marion décèle un « aveu » de Heidegger, il est paradoxal de voir l'auteur de *Dieu sans l'être* reprocher à Heidegger de le faire « disparaître » dans l'« avènement ». En fait, il n'y a ni abolition ni disparition de l'être. La traduction de François Fédier est plus juste : « L'être s'évanouit dans l'*Ereignis*[61]. » L'être comme présence n'est plus premier : il est à comprendre à partir de l'appropriation temporelle dans son déploiement (qui reste un « donner »). À la fin de la conférence, on lit en effet en toutes lettres que « le temps aussi bien que l'être, en tant que dons de l'appropriation, ne sont à penser qu'à partir de celle-ci[62] ». L'appropriation, loin d'annuler ces dons, les préserve et les déploie.

Il faudrait pouvoir relire l'admirable conférence de Heidegger presque mot à mot pour montrer l'étroite intrication entre le thème du « donner » et celui du temps propre. On verrait alors – mais on le discerne déjà – que le geste heideggérien n'a jamais consisté à « abolir la donation dans l'avènement[63] » (il n'y a chez lui, à proprement parler, ni l'un ni l'autre) et qu'en revanche il refuse d'ériger en « principe » l'*Ereignis* lui-même : « *Ereignis* n'est pas le concept suprême qui comprend tout...[64] » Car ériger un principe reste une démarche métaphysique[65]. Dans « Temps et être », Heidegger n'a pas prétendu poser les principes d'une phénoménologie générale, mais dégager un chemin pour (donner à) penser le

---

60. François Fédier préfère ne pas traduire *Ereignen*: « La donation de présence est propriété de l'*Ereignen* » (*Questions IV, trad. cit.*, p. 44).

61. HEIDEGGER, *Questions IV, trad. cit.*, p. 44 ; « Zeit und Sein », *op. cit.*, p. 22 : « Sein verschwindet im Ereignis ».

62. HEIDEGGER, *Questions IV, trad. cit.*, p. 46 ; « Zeit und Sein », *op. cit.*, p. 24 : « Insofern Zeit sowohl wie Sein als Gaben des Ereignens nur aus diesem her zu denken sind... ».

63. ID., *ibid.*

64. HEIDEGGER, *Questions IV, trad. cit.*, pp. 43-44 ; « Zeit und Sein », *op. cit.*, p. 22 : « Ereignis ist nicht der umgreifende Oberbegriff... ».

65. À la p. 59 d'*Étant donné,* il lui est reproché de ne pas reconnaître « la fonction phénoménologique de principe » de la donation.

temps en ce qu'il a (ou donne) de plus propre. Assurément il n'était pas maximaliste en phénoménologie.

Une étrange « saturation »

Il faut poursuivre l'épreuve d'une lecture attentive en abordant maintenant un texte de Jean-Luc Marion, intégré dans *Étant donné* et qui se présente comme « strictement phénoménologique » (significativement postérieur au *Tournant théologique*, il se prétend fort soucieux de rigueur méthodologique). Je crois être en droit de soulever d'abord une objection de caractère sémantique, concernant le titre même de ce texte, « Le phénomène saturé[66] ». L'idée d'infini chez Descartes sera citée, avec le sublime kantien, comme un exemple de phénomène saturé déjà « décrit » au sein de la tradition métaphysique[67]. Or, comme le rappelle Marion lui-même, l'idée d'infini déborde les cadres de la quantité, de la qualité, de la relation et de la modalité. « Il est de la nature de l'infini, que ma nature qui est finie et bornée ne le puisse comprendre » écrit Descartes en sa *Méditation III*[68]. Ce qui caractérise donc l'idée d'infini, c'est qu'elle excède infiniment mon entendement qui est fini et, comme tel, accoutumé à rendre compte des phénomènes de « droit commun ». Loin d'être ainsi « saturé » (c'est-à-dire repu, rassasié, satisfait), mon entendement est contraint de se dépasser, « ma connaissance s'augmente » sans pour autant rejoindre cet infini dont la réalité objective est infiniment plus riche que la visée que j'en ai. Bien que Dieu soit cet infini « actuellement et en effet », ma connaissance « n'arrivera jamais à un si haut degré de perfection[69] ». Dieu est-il « saturé », sous pré-

---

66. Publié d'abord aux pp. 79-128 du recueil *Phénoménologie et théologie,* ce texte est repris et amendé (sans que l'auteur en prévienne ses lecteurs) dans *Étant donné.* À chaque fois que le passage cité a été ainsi repris en compte, nous donnons la pagination dans les deux versions.

67. Voir *ibid.*, pp. 124-125 ; *Étant donné, op. cit.*, pp. 305-307.

68. « Est enim de ratione infiniti, ut a me, qui sum finitus, non comprehendatur » (DESCARTES, *Meditationes de prima philosophia,* éd. G. LEWIS, Paris, Vrin, 1960, p. 47).

69. Voir ID., *ibid.*

texte qu'il est en acte ? Explicitons le sens de cette « saturation ».

Terme de chimie d'après le dictionnaire Robert, le verbe *saturer* a une étymologie parfaitement claire (*saturare, satis*) qui délimite nettement son aire sémantique : « Rendre tel qu'un supplément de la chose ajoutée soit impossible ou inutile[70]. » Non seulement Marion ne justifie pas le choix de l'épithète « saturé » pour caractériser le type de phénomène le plus riche possible (infini, sublime, etc.), mais il semble bien que ce choix aille à rebours de l'intention affichée : ni l'infini ni le sublime ne me satisfont ; ils sont au contraire en excès sur toute saturation. En admettant même qu'on suive le fil de l'argumentation qui vise à renverser les conditions de possibilité du phénomène, telles qu'elles sont définies par Kant et Husserl, il n'en résulte nullement qu'on ait affaire, dans ces cas-limites, à des « saturations ». Ce terme paraît aller à l'encontre des intentions de l'auteur.

Bien que le contexte philosophique de cette « saturation » soit le « remplissement » husserlien, cette référence ne lève pas toute difficulté. Ce qui est éventuellement rempli chez Husserl, c'est une visée intentionnelle, une noèse ; ce n'est pas le phénomène lui-même. Ou plutôt, la modalité du remplissement dépendra du type de phénomène envisagé : l'objet géométrique est, à ce propos, exemplaire ; l'idée du triangle se laisse directement intuitionner (ou construire, comme l'avait déjà vu Kant). Loin que les idées mathématiques soient pauvres en intuition, comme l'écrit Marion, elles constituent au contraire la référence archétypique de l'intuitionnisme husserlien.

Ranger sous la bannière unique du « phénomène saturé » (et vouloir produire un « classement ») des types de remplissement aussi différents que ceux qui sont censés affecter l'idée d'infini, le sublime, les « événements historiques purs », les « phénomènes de révélation » (idole, icône, théophanie[71])

---

70. Paul ROBERT, *Dictionnaire alphabétique et analogique de la langue française,* art. *saturer.*

71. Voir la récapitulation in *Phénoménologie et théologie, op. cit.,* p. 126-127.

relève-t-il du tour de force phénoménologique ou du coup de force conceptuel ?

Coup de force, à notre avis, le seul fait d'unifier conceptuellement la phénoménalité, sous prétexte que le phénomène s'offre « de lui-même », selon Heidegger, alors qu'il faudrait préciser que, selon le § 7 d'*Etre et temps,* le retrait n'est pas moins essentiel au phénomène que sa monstration[72]. L'amalgame entre l'horizon husserlien et l'analytique du *Dasein* s'opère ici au profit d'une conceptualité impérieuse (fort peu heideggérienne au fond) n'utilisant le cadre catégorial kantien que pour le renverser (phénoménologie négative qui ne s'avoue pas alors comme telle).

En examinant ce procédé de renversement, nous allons retrouver la « théologisation » déniée. Il consiste, en effet, à paraître concéder à Husserl d'une part et à Kant d'autre part que la donation des phénomènes est soumise à des conditions d'horizon. D'où sa dualité foncière (entre apparaître et apparaissant) chez le premier[73] et ses déterminations catégoriales chez le second[74]. « Des limites restent, par principe, irréfragables et sans doute indispensables[75]. » Assurément. Jusqu'à ce point, comment ne pas acquiescer à cette reprise en compte des limites de l'expérience, terrain sur lequel Husserl se retrouve très largement en accord avec Kant ?

Tout change subitement avec l'idée qu'il serait conforme à la vocation profonde de la phénoménologie (son « possible ») de renverser ces conditions de l'expérience phénoménale (présentées comme limitatives du phénomène) pour libérer une donation absolue, inconditionnée, dégagée de l'horizon limité du phénomène de « droit commun ». Tout lecteur tant soit peu averti de Kant sera surpris qu'on veuille réduire les catégories à des restrictions de l'expérience, alors

72. HEIDEGGER, *Sein und Zeit,* Tübingen, Niemeyer, 1967, p. 36.

73. « Le mot phénomène a ce double sens en vertu de la corrélation essentielle entre *l'apparaître et ce qui apparaît* » (HUSSERL, *L'idée de la phénoménologie, trad. cit.,* p. 116). Cf. *Phénoménologie et théologie, op. cit.,* p. 90, n. 1.

74. Ces déterminations suivant la quantité, la qualité, la relation et la modalité sont reprises et analysées par Marion « en mode négatif » (*Phénoménologie et théologie, op. cit.,* pp. 106 *sq.*; *Étant donné, op. cit.,* pp. 280 *sq.*).

75. *Phénoménologie et théologie, op. cit.,* p. 89.

que pour Kant elles sont évidemment la fixation d'une corrélation entre la subjectivité transcendantale et les conditions de l'objectivité de tout objet. En particulier, les catégories de la modalité (possible, réel, nécessaire) ne sont nullement forgées en fonction des exigences du seul *Je*. En outre, il est pour le moins surprenant de paraître ignorer le statut et le rôle du jugement réfléchissant, en faisant comme si Kant ne pouvait accéder à ce « phénomène saturé » qu'est le sublime que par le renversement pur et simple des conditions du jugement déterminant.

Au-delà de l'interprétation des textes de Kant, au-delà même des artifices rhétoriques de l'introduction du renversement dont il vient d'être question, le problème de fond est le suivant : quel est le statut du renversement complet des conditions de l'expérience phénoménale ? Marion concède lui-même, comme pour amadouer son lecteur, qu'il s'agit d'une « variation imaginaire[76] ». Soit. Encore faut-il que cette opération ne change pas subrepticement de statut, et de carpe ne devienne subitement lapin. Il y a une différence grandissime entre renverser un horizon et se libérer des conditions de tout horizon, entre faire du bas un haut (ou l'inverse) et supprimer toute référence locale. Du fait qu'au sein de la phénoménalité se produisent des « excès » ou des « débordements » des conditions analysées par le jugement déterminant (ce que Kant a parfaitement reconnu et étudié en sa troisième Critique) s'ensuit-il qu'on ait licence de se libérer de la « condition d'un horizon »? L'excès du sublime, par exemple, est lui-même conditionné-inconditionné : il ne se produit nullement hors de tout horizon. Confondre ce type d'excès avec une « donation intuitive absolument inconditionnée[77] », c'est annuler d'un coup tout le travail critique et réintroduire sous l'étiquette de « phénomène saturé »... le noumène !

Une question capitale n'est pas posée en ce « renverse-

76. *Ibid.*

77. Ce sont les termes mêmes de Marion, en particulier à la p. 89 de *Phénoménologie et théologie, op. cit.*

ment » hyperbolique : un phénomène qui s'excepte de toutes les conditions de la phénoménalité mérite-t-il encore le nom de phénomène ? En ce qui s'avoue d'abord comme simple variation imaginaire, puis se donne subrepticement comme libération de la phénoménalité du phénomène en sa « saturation », on congédie d'un seul coup toutes les conditions qui ne correspondaient pas à ce phénomène « par excellence » qu'est censé être le « phénomène saturé ».

La métaphysique n'a-t-elle pas justement pratiqué très largement cette opération du passage au « par excellence »? Est-il surprenant, dès lors, que Marion retrouve, au premier rang des phénomènes saturés, l'idée cartésienne d'infini ? Voilà donc la métaphysique revenue par la grand-porte d'une « phénoménologie » qui aboutit au résultat exactement inverse des exigences méthodologiques et critiques qui paraissaient constitutives de l'expérience.

Une autre grande ambiguïté règne sur ce « phénomène saturé ». Présenté d'abord comme phénomène « religieux », il paraît avoir regroupé sous son unité générique les attributs de Dieu, aussi bien que les différents visages de l'œuvre d'art plastique. Cette unité semble inclure aussi des « événements historiques purs[78]». Mais y a-t-il la moindre « pureté » dans un événement historique, quel qu'il soit, toujours lesté de l'opacité des circonstances et des situations humaines ? Enfin, cette phénoménologie « stricte » semble accepter et même réclamer le passage à l'herméneutique[79], tout en annexant celle-ci à son vaste empire[80]. Voilà un grand pas à faire, qui réclamerait quelque justification. Là encore, rien n'est si évident.

Nous n'en conclurons nullement que Jean-Luc Marion théologise tout ce qui lui tombe sous la main (ou le concept). Certes l'aboutissement théologique n'est nullement absent de la saturation du phénomène : il est même significatif que le texte s'achève – comme nous l'avons noté plus haut – par une référence au phénomène de révélation

---

78. *Phénoménologie et théologie, op. cit.*, p. 126.
79. *Ibid.*, p. 127.
80. Voir *Étant donné, op. cit.*, p. 441.

par excellence, explicitement théologique (et couronnant deux autres révélations, aux connotations également théologiques ou religieuses, l'idole et l'icône) : « La théophanie, où le surcroît d'intuition aboutit au paradoxe qu'un regard invisible visiblement m'envisage et m'aime[81] » – et que la conclusion nous invite à « penser sérieusement *aliquid quo majus cogitari nequit* », c'est-à-dire de nouveau l'infinité de Dieu.

Plus décisivement, ce qui se trouve en cause est ici plus que jamais la disparité entre l'intention affichée d'un projet phénoménologique de bout en bout rigoureux et l'immensité du champ phénoménal qu'on prétend maîtriser, mais qui échappe de tous côtés. Vouloir à toute force instituer un concept unique de « phénomène saturé » pour couvrir des réalités phénoménales extrêmement hétérogènes paraît être la monnaie du pari spéculatif le plus fragile de Husserl : constituer la phénoménologie en science rigoureuse et en philosophie première tout à la fois.

Constatons qu'il ne suffit pas de solliciter et d'assumer le caractère ultra-paradoxal d'une thèse pour réussir à transformer un ensemble de variations imaginatives (ou imaginaires) en théorie phénoménologique acceptable. Comment ne pas rester perplexe devant la définition même de la révélation ? « Redisons que par révélation, nous entendons ici un concept strictement phénoménologique : une apparition purement de soi et à partir de soi, qui ne soumet sa possibilité à aucune détermination préalable[82]. » Voilà effectivement des termes « simples[83] » ! Mais il serait plus clair et sans doute plus véridique de reconnaître d'une part que ces termes – profondément imprégnés de la tradition cartésienne de l'évidence – sont littéralement métaphysiques (seul l'absolu étant ainsi définissable) et que, d'autre part, ils constituent une épure excessivement abstraite par rapport à l'épaisseur empirique et symbolique des révélations historiques, esthétiques et religieuses effectives. Quant à

---

81. *Phénoménologie et théologie*, *op. cit.*, p. 127.
82. *Ibid.*
83. *Ibid.*

savoir si une conception aussi « simple » peut convenir à la Révélation, sans référence ni à la contingence des circonstances, à leur incarnation, ni à un quelconque retrait, ni au mystère ni à l'écriture (avec ou sans majuscule), je laisse aux théologiens le soin d'en décider.

Loin d'avoir été désavoué par son auteur, « Le phénomène saturé » est repris pour l'essentiel dans *Étant donné.* La conception de la phénoménologie qui se dégage de tous ces textes est « maximaliste », en ce sens qu'on s'y efforce de réassumer les tâches de la philosophie première, tout en visant un dégagement de la métaphysique. Entreprise éminemment délicate et qui fait de la validité de ses paradoxes le fil sur lequel elle essaie d'équilibrer ses exercices risqués. Cette phénoménologie est-elle acceptable, dès lors qu'elle proclame avoir clarifié sa différence à l'égard de toute théologie[84]? Malgré notre désir de prendre acte de tout ce qui va dans un sens strictement phénoménologique, force nous a été de constater la réapparition de désaccords qui se situent pour la plupart, cette fois-ci, en amont du débat sur le « tournant théologique », mais ne laissent pas de nouer encore avec lui quelques fils. Ainsi à la page même où la spécificité de la phénoménologie est soutenue, on lit que : « La manifestation du Christ vaut donc comme paradigme du phénomène de révélation selon les quatre modes de saturation du paradoxe[85]. » Malgré la différence formellement affirmée entre révélation et Révélation, voilà un voisinage paradigmatique qui n'a rien d'indifférent, surtout lorsqu'on confronte la neutralité phénoménologique sans cesse revendiquée avec une mise en perspective effective de la donation selon « l'appel et le répons », la « voix sans nom », « l'abandon[86]» et finalement l'amour, dont les connotations ne sont pas non plus indifférentes. Pour être fortement dénié, le « tournant théologique » est-il devenu indiscernable ? Plutôt que d'en redessiner tous les traits, nous avons préféré faire porter le débat sur

---

84. C'est en particulier le cas de la n. 1 de la p. 329 d'*Étant donné.*
85. *Ibid.*
86. Titres des paragraphes 28, 29 et 30 d'*Étant donné.*

la question qui le conditionne : le statut philosophique de la phénoménologie[87].

Le « possible » de la phénoménologie ne peut-il pas être tout différent ? C'est ce qu'une enquête sur les délicates articulations (et désarticulations) entre phénoménologie et herméneutique, puis finalement sur les différentes orientations d'une phénoménologie minimaliste, permettra de vérifier.

87. A cet égard, on ne peut que déplorer l'absence chez Marion d'un examen sérieux et approfondi de la critique heideggérienne du « principe de tous les principes » formulé par Husserl au § 24 des *Idées* (« toute intuition originairement donnante [est] une source de droit pour la connaissance.... »): voir HEIDEGGER, *Questions IV, trad. cit.*, p. 124 ; *Zur Sache des Denkens, op. cit.*, p. 70 ; cf. aussi le § 20 des *Prolegomena, Gesamtausgabe,* 20, où Heidegger procède à une « situation critique » des quatre déterminations husserliennes de la « conscience pure ». Suffit-il de proclamer qu'on en a fini avec le sujet (*Étant donné,* p. 441) ? Ériger la donation en « principe *phénoménologique* » (*ibid.*, p. 59), n'est-ce pas reconduire, sinon tout l'intuitionnisme husserlien, du moins certains de ses présupposés ? Marion pourra faire valoir qu'il a minutieusement discuté le fameux « principe de tous les principes » (*Étant donné,* pp. 20 *sq.*, 257-264) en marquant les limites de l'intuition (ainsi que du *Je* et du principe d'un horizon) par rapport à sa « saturation » par le donné, pour aboutir finalement à reconnaître des donations sans intuition (le temps, la vie et la mort, la parole, le regard de l'icône). Si tel est le cas, pourquoi avoir persisté à nommer ces paradoxes ultimes des « phénomènes saturés d'intuition » (*ibid.*, p. 9) ? On ne saurait se satisfaire de la réponse selon laquelle l'excès de donation rend la relation avec l'intuition « indécidable » (*ibid.*, p. 340), car la nouvelle corrélation établie par le principe « Autant de réduction, autant de donation » réinstaure un privilège méthodologique inconditionnel qui semble bien être celui de la subjectivité absolue. La donation pure et autoréférée restaurerait ainsi subtilement cette subjectivité dans le rôle principiel et métaphysique que Heidegger avait su mettre en cause.

IV
ARTICULATIONS/DÉSARTICULATIONS

Ayant constaté et analysé les principales apories et les non négligeables malentendus qui découlent d'une volonté d'instituer (ou de restaurer) la phénoménologie comme philosophie première, il convient maintenant d'adopter un point de vue plus positif en abordant une inévitable question de confiance : le projet phénoménologique est-il amendable ?

Il est évidemment possible de répondre négativement à cette question et d'abandonner la phénoménologie à son rôle historiquement daté. Cette option, pour négative qu'elle soit, est à la fois compréhensible et respectable, pourvu que son rejet de la phénoménologie ne schématise pas à l'excès celle-ci. Or, sans vouloir dresser maintenant l'inventaire des rejets, on peut relever que beaucoup d'entre eux s'en tiennent à une conception restrictive ou limitée de la phénoménologie, faisant fi de ses possibilités. Ainsi Deleuze restreint-il la phénoménologie – « vulgaire », il est vrai – à la sphère intentionnelle (visée de la chose par une conscience qui « se signifie dans le monde[1] ») préparant ainsi son assimilation à un spiritualisme apaisant et fade. Il s'agit toutefois de savoir s'il a raison de rabattre les recherches du dernier Merleau-Ponty sur un projet classique de refondation de la visibilité, alors qu'il s'agit pour celui-ci bien plutôt de comprendre comment le visible advient à sa visibilité, « cette prégnance de

1. Pour mieux mettre en valeur la spécificité du travail de Foucault (voir Gilles DELEUZE, *Foucault,* Paris, Éditions de Minuit, 1986, p. 116).

l'invisible dans le visible, cette chair de l'imaginaire », émergence de notre vision à partir de notre corps[2]. Faut-il absolument penser « l'épistémologie » contre la phénoménologie ? La distance est-elle si grande entre Merleau-Ponty et Deleuze, s'il s'avère que le premier se libère de la phénoménologie « vulgaire », exclusivement intentionnelle, et que le second exploite des virtualités qui ne paraîtront finalement peut-être pas inconciliables avec un déploiement de perspectives phénoménologiques minimalistes ?

Sur l'autre voie, positive, qui exige que soit repensé le statut philosophique du projet phénoménologique, le recours à l'herméneutique se propose presque naturellement et semble même s'imposer. Ce recours ne préserve-t-il pas à la fois une certaine autonomie des procédures phénoménologiques et leur dépassement (ou leur relais) au sein d'instances interprétatives ouvertes et complexes ? Il faut donc réexaminer, d'abord à la lumière de leurs histoires respectives, les jonctions et les disjonctions, les croisements et les divergences, entre phénoménologie et herméneutique.

Cette question ne se réduit nullement à celle de la relation entre deux « disciplines[3] ». Elle s'est déjà glissée dans nos réflexions sur le statut philosophique de la phénoménologie. Celle-ci est-elle d'emblée herméneutique de part en part ? ou doit-elle préserver – grâce à la réduction et à ses visées descriptives – une spécificité et une autonomie complètes ? Le souhait de dégager la meilleure articulation peut aller de pair avec le constat que des désarticulations – y compris jusqu'à l'extrême – sont inévitables. Que veulent dire ici articuler et désarticuler ? Et quelle portée reconnaître au choc de leur antagonisme ?

Depuis Platon, la philosophie est conçue comme une activité apte à composer et décomposer, analyser et synthétiser. Dans le *Phèdre,* Socrate montre que la dialectique ne se borne

---

2. Voir Maurice Merleau-Ponty, *Notes de cours (1959-1961),* Paris, Gallimard, 1996, p. 173.

3. Le premier noyau de ce chapitre a été une communication faite au colloque européen Erasmus tenu à Nice les 10 et 11 mai 1996 sur le thème « Phénoménologie et herméneutique : comment penser leur articulation ? ».

pas à l'art de la *synopsis,* mais qu'elle exige aussi l'habileté de la découpe, c'est-à-dire : «... pouvoir diviser en espèces selon les articulations naturelles, sans se mettre à mutiler aucun morceau comme il arrive au cuisinier qui s'y prend mal pour découper[4]». Monter et démonter, construire et déconstruire sont des opérations utiles et parfois difficiles ; mais articuler et désarticuler relèvent d'un art encore plus subtil, puisqu'il doit « suivre les articulations naturelles » sans se borner à des emboîtements ou des disjonctions mécaniques.

Ce qui vaut pour une question, une définition, par exemple la définition de l'amour, s'applique à plus forte raison aux articulations et aux différentes membrures du savoir philosophique lui-même. La métaphore du *corpus* circule à travers l'histoire de ce savoir comme si elle devait en régler l'économie ; mais elle suppose, comme celle de l'arbre, que la philosophie ait des attaches naturelles qu'il s'agit seulement de redessiner. Si tel est le cas, la phénoménologie et l'herméneutique doivent trouver ou retrouver un statut stable et les relations équilibrées qu'impose un développement harmonieux du savoir.

Existe-t-il cependant, entre phénoménologie et herméneutique, des « articulations naturelles »? Le moins que l'on puisse dire est que le savoir philosophique actuel ne s'organise pas en un tout harmonieux. S'il y a une harmonie, elle est encore plus cachée que « l'harmonie invisible » dont parle Héraclite ! Un accord est d'autant plus difficile à dégager que des projets et des styles de pensée très différents les uns des autres viennent se ranger sous les bannières de la phénoménologie et de l'herméneutique, rendant encore plus complexe la question de leur articulation.

Le legs de l'histoire

Avant d'envisager la situation actuelle en sa complexité, il est indispensable de se retourner vers l'histoire afin d'établir de quoi nous lui sommes redevables en la matière. L'héritage

4. Platon, *Phèdre,* 265 e (trad. L. Guillermit).

ne consiste pas seulement en une commune origine hellénique des termes en présence ; il implique aussi deux histoires que nous ne pouvons reparcourir ici dans toute leur richesse, mais dont nous discernons déjà qu'elles ne sont nullement parallèles. Entre deux inspirations, qui ne sont pas encore des disciplines, la lecture de Platon révèle déjà une dissymétrie que l'histoire moderne ne va nullement rééquilibrer. Aussi bien en leur origine qu'en leur autonomisation relativement récente, la phénoménologie et l'herméneutique, sans être étrangères l'une à l'autre, s'avèrent plus disjointes que jointes. Articulation et désarticulation sont toutes deux en jeu ; mais à quels niveaux, en quels sens ?

S'il fallait décerner un prix d'ancienneté, c'est l'herméneutique qui le remporterait : non seulement l'*Ion* salue les poètes comme des « interprètes des dieux » (*herménès tôn theôn*)[5], mais plusieurs autres occurrences[6] font émerger l'*herméneutikè* de façon autonome et dans un sens qui paraît, comme le note Jean Grondin[7], surtout religieux ou sacral, bien que la tâche d'explicitation d'une parole ou d'un oracle ne soit encore que préparatoire par rapport à la saisie philosophique de la vérité.

Pour la phénoménologie, la situation est inverse : le mot résulte d'un montage moderne, datant seulement du XVIIIe siècle, mais l'inspiration s'avère résolument platonicienne et peut-être en un sens plus essentiellement philosophique que dans le cas de l'herméneutique, si du moins l'on envisage la visée eidétique de la méthode phénoménologique. Ne cède-t-on pas ainsi cependant à une illusion rétrospective ? Parler d'une phénoménologie chez Platon lui-même serait littéralement un anachronisme. Pourtant, comment ne pas reconnaître l'origine platonicienne de la vision des essences, même s'il faut se demander si la dialectique platonicienne « sauve » vraiment les phénomènes en les transcendant hyperboliquement.

Cette dissymétrie relevée dès l'origine n'empêche pas les

5. PLATON, *Ion,* 534 e.
6. ID., *Politique,* 260 d ; *Epinomis,* 975 c ; *Definitiones,* 414 d.
7. Jean GRONDIN, *L'universalité de l'herméneutique,* Paris, P.U.F., 1993, p. 8.

deux inspirations de partager une provenance philosophique commune, sans aucune garantie de jonction organique ni systématique.

En effet, lorsque chacune, beaucoup plus près de nous, à partir du XVIIIe siècle, va commencer à revendiquer une autonomie disciplinaire, ce sont de nouveau les disjonctions qui vont sembler l'emporter sur les convergences. Alors que Lambert fait de la phénoménologie, conçue comme un inventaire critique des apparences, une simple phase préparatoire de sa doctrine de la vérité, l'herméneutique dessine un sillage plus singulier et plus prometteur à la fois : son *ars interpretandi* s'autorise d'une tradition exégétique qui s'ancre solidement chez Luther et se déploie dans la tradition exégétique protestante jusqu'à revendiquer le statut d'une discipline nouvelle chez Schleiermacher.

À l'aube du XIXe siècle, la présence simultanée à Berlin de deux maîtres qui campent sur leurs positions respectives, Hegel et Schleiermacher, symbolise les divergences entre le savoir de l'apparaître et l'interprétation de la Parole. Clôture du concept contre reprise incessante de l'écoute ? Il serait d'autant plus risqué de se borner à schématiser ainsi le malentendu entre le fondateur de l'herméneutique comme discipline et le penseur du Système que ce dernier, en écrivant la *Phénoménologie de l'esprit*, a exposé la science du « savoir apparaissant » (dont le rôle à l'intérieur du Système reste problématique), mais ne s'est pas présenté *avant tout* comme phénoménologue.

Bien que la situation se soit en principe clarifiée depuis, dans la mesure où toute phénoménologie accepte aujourd'hui peu ou prou la reprise en compte du projet formé par Husserl de faire table rase du psychologisme et du naturalisme pour constituer une visée spécifique des « choses mêmes », que d'orientations différentes sous la même bannière ! La fortune du mot *phénoménologie* (et des projets qu'il induit) ne doit pas tromper. La tension, déjà patente chez Husserl lui-même, entre le souci principiel de refonder la philosophie première et la quête d'une méthode de description rigoureuse des phénomènes en leur phénoménalité immanente, se retrouve et se déplace dans les recherches et les débats qui font la vitalité des phénoménologies actuelles.

Reconnaissons que le legs de l'histoire est plus conflictuel qu'irénique. S'il est vrai que phénoménologie et herméneutique partagent toutes deux le souci du sens et nouent leurs destins au cœur de l'étonnement philosophique, leurs histoires sont différentes et même contrastées (l'herméneutique, travaillant sur les textes, surtout sacrés, semble presque toujours seconde par rapport à la phénoménologie qui a partie liée avec une reprise méthodologique radicale). Leur alliance éventuelle n'a donc nullement le caractère naturel et paisible de la jonction entre deux cours d'eau ayant suivi la même pente.

Comment comprendre, à partir de cette remise en perspective, les jonctions et les disjonctions qui s'offrent à nous dans le paysage contemporain ? Tout d'abord s'imposent deux articulations de styles différents : la phénoménologie herméneutique, telle que la propose Heidegger au début de *Sein und Zeit,* et son rééquilibrage soigneux dans l'œuvre de Paul Ricoeur.

Le difficile équilibre de la « phénoménologie herméneutique »

Il vaut la peine de revenir à l'émergence d'une « phénoménologie herméneutique » au § 7 de *Sein und Zeit.* Deux points méritent d'être soulignés : l'un négatif, l'autre positif. En récusant d'emblée une approche disciplinaire de l'ontologie, puis de la phénoménologie (et implicitement de l'herméneutique), Heidegger se libère de toute allégeance inconditionnelle à Husserl aussi bien qu'à Dilthey : il affirme que l'expression « Phénoménologie » fait signe vers un « concept de méthode » et il se tourne résolument vers « le possible de la phénoménologie[8] », c'est-à-dire vers des tâches nouvelles par rapport aux acquis husserliens. Ce retour à la « chose même » appliqué à la phénoménologie se double rapidement

8. Voir Heidegger, *Sein und Zeit,* p. 27 : « Der Ausdruck « Phänomenologie » bedeutet primär einen *Methodenbegriff* » et p. 38 : « Das Verständnis der Phänomenologie liegt einzig im Ergreifen ihrer als Möglichkeit ».

et presque subrepticement d'un renouvellement aussi radical de l'écoute du mot « herméneutique », dans la mesure où la méthode de la description phénoménologique n'est pas eidétique, vision d'essences, mais *Auslegung*. Les traducteurs, pour une fois unanimes, traduisent ce mot par « explicitation », ce qui n'est pas faux, mais tend à réduire quelque peu l'ambiguïté de l'*Auslegung* du côté de la clarification. *Auslegen* signifie déplier, étaler ; et, au sens figuré, expliquer, expliciter, interpréter (*die Auslegerei* veut dire la manie de tout interpréter). L'*Auslegung* est bien une explicitation, mais elle n'est pas forcément simple ni définitive, puisque l'être énigmatique qu'il s'agit d'interroger, le *Dasein*, se dérobe autant qu'il se montre : « La phénoménologie de l'Existant est herméneutique au sens originel du mot, lequel désigne le travail de l'interprétation[9]. » En qualifiant ainsi l'analytique de l'Existant, Heidegger semble presque énoncer une évidence, car le *Dasein*, ne se livrant ni comme une chose ni comme une essence, réclame l'écoute spécifique et exigeante qui va élever sa compréhension ordinaire jusqu'au « sens propre de l'être » (*eigentliche Sinn von Sein*).

Cependant, la mise au point concernant cette dimension herméneutique s'avère singulièrement elliptique à la page 37 de *Sein und Zeit* et comporte plusieurs significations que Heidegger se borne à énumérer en un classement ternaire : premièrement, le sens originel de l'*Auslegung*; deuxièmement, « l'explicitation des conditions de possibilité de toute recherche ontologique » en général ; en troisième lieu se dégage l'explicitation de l'existentialité de l'existence du *Dasein* – sens philosophiquement premier, précise Heidegger, dans lequel s'enracine le sens dérivé de l'herméneutique comme « méthodologie des sciences historiques de l'esprit ».

Si l'on y prête attention, l'énumération faite par Heidegger est incomplète. Il n'y a pas trois significations de l'herméneutique, mais (suivant sa propre logique) cinq : les trois sens explicitement distingués par Heidegger, plus le sens phi-

9. Id., *ibid.*, p. 37 : « Phänomenologie des Daseins ist Hermeneutik in der ursprünglichen Bedeutung des Wortes, wonach es das Geschäft der Auslegung bezeichnet. »

losophique originaire (qui ne se confond peut-être pas tout à fait avec le sens linguistique premier) et le sens plus récent, « dérivé », c'est-à-dire issu du travail de Dilthey. Curieusement, en ce passage crucial, Heidegger n'explicite rien, ni le sens originaire de l'*hermeneuïen,* ni l'intrication des autres significations. Il laisse même de côté tout ce qui concerne l'exégèse des textes sacrés, appliquant une sorte de tactique du « fait accompli ».

Quel est le but de cette tactique ? Soyons un peu herméneutes pour le découvrir. Immédiatement après le paragraphe si resséré dont nous venons de faire état, Heidegger revient à « l'être comme thème fondamental de la philosophie[10] ». Pour nous exprimer en termes imagés, disons que Heidegger noue l'alliance entre phénoménologie et herméneutique grâce à l'anneau de l'ontologie ! De fait, tout *Sein und Zeit* se laisse déchiffrer à la lumière de l'explicitation du « und » qui lie l'être et le temps : l'être comme tel se révèle temps, au fil d'une entreprise qui se présente à la fois comme analytique, interprétation et explication (les mots *Interpretation, Auslegung, Analyse, Analytik, Explikation* voisinent sous la plume de Heidegger[11]).

L'herméneutique de cette herméneutique, l'explicitation de cette explicitation, exigeraient de plus amples développements. Relevons, quant à l'essentiel, à quel point l'articulation heideggérienne de la phénoménologie *et* de l'herméneutique, tout comme de l'herméneutique elle-même comme interprétation de l'être *et* du temps tourne autour de la conjonction de coordination « et », mais de telle sorte que cette conjonction n'ait pas un sens principalement additif ni distributif, mais une portée explétive qui en fait presque l'équivalent d'un « als » (en tant que).

Ainsi l'articulation heideggérienne entre phénoménologie et herméneutique se révèle-t-elle beaucoup plus cryptée que l'elliptique présentation de *Sein und Zeit* ne le laisse supposer au premier regard. La mise en lumière de cette articulation

10. « das Sein als Grundthema der Philosophie... » (*Sein und Zeit,* p. 38).
11. En particulier à la p. 41 de *Sein und Zeit.*

ne saurait être séparée de la tâche de « destruction » (ou déconstruction) de l'ensemble de l'ontologie.

Chez Ricoeur, la situation se présente de façon sensiblement différente, plus clairement distribuée selon une logique architectonique. Certes, lorsque Ricoeur expose la conception heideggérienne, il lui arrive d'écrire que « la phénoménologie ne peut être qu'une herméneutique, parce que le plus proche de nous est aussi le plus dissimulé »; mais lorsqu'il reprend le problème à son propre compte, Ricoeur n'envisage plus une étroite intrication de la phénoménologie et de l'herméneutique sous le signe de l'ontologie, mais bien plutôt un passage de relais, une « greffe[12] », une « conversion[13] » entre deux phases méthodologiques aux rôles nettement délimités et finalement complémentaires. On le constate dans *Temps et récit* où la phénoménologie met en place la description aporétique des visées intentionnelles de la conscience temporelle, tandis que l'herméneutique de la narration vient recueillir et transposer, à un autre niveau, lesdites apories pour en enrichir l'intelligibilité. Cependant, ce schéma ne fonctionne pas dans un seul sens, puisque Ricoeur a aussi tenu à souligner que la phénoménologie se serait pas pensable sans l'herméneutique et, plus précisément, « la grande herméneutique des quatre sens de l'Écriture[14] ». Si la phénoménologie et l'herméneutique croisent ainsi leurs présuppositions en une « grande querelle, qui est aussi un long cheminement côte à côte[15] », c'est qu'elles partagent une même présupposition ou une même option explicite ou implicite en faveur de la signifiance : « le choix pour le sens[16] ».

Cette connivence entre phénoménologie et herméneutique est compensée par le fait que Ricoeur marque fortement, par

---

12. « ... je parle volontiers de greffe de l'herméneutique sur la phénoménologie, non sans observer que l'on pourrait, en un autre sens, parler de greffe de la phénoménologie sur l'herméneutique » (Paul RICOEUR, *Réflexion faite. Autobiographie intellectuelle*, Paris, Éditions Esprit, 1995, p. 58).

13. Paul RICOEUR, *Temps et récit*, Paris, Éditions du Seuil, 1985, 3, p. 170.

14. ID., *Réflexion faite, op. cit.*, p. 58.

15. ID., *ibid.*, p. 59.

16. ID., *ibid.*, p. 58.

ailleurs, les limites de la phénoménologie et laisse donc un vaste domaine ouvert à un autre type de méthode. Ces limites de la phénoménologie, précise Ricoeur, sont « celles de son style eidétique[17] ». En bien d'autres passages de *Temps et récit*, une autre limite se manifeste aussi : le fait que la phénoménologie s'en tienne au temps de la subjectivité, au temps intentionnel, en négligeant le temps cosmologique ou naturel.

Précisément, la découverte de ces limites fait atteindre explicitement la dimension herméneutique qui était déjà présupposée par la circularité entre compréhension et précompréhension : « C'est en effet lorsque la phénoménologie du temps accède aux aspects de la temporalité qui sont d'autant plus dissimulés qu'ils nous sont les plus proches, qu'elle découvre sa limite externe[18]. » L'herméneutique et la poétique du récit ne dissoudront pas les apories du temps : elles offriront une « réplique » qui les approfondira.

On le constate : sur la question de l'articulation entre phénoménologie et herméneutique, Ricoeur a une vision nettement plus méthodologique et systématique que Heidegger, chez qui l'accent se déplace au fil de son avancée pour faire s'effacer finalement toute méthode générale et toute « distribution des rôles » devant « ce qui est à penser ». Mais il faudra se demander si les gains méthodologiques de Ricoeur ne sont pas payés d'un prix trop élevé : la postulation même d'un sens unifié, restaurant discrètement un noyau métaphysique, commun à l'herméneutique et à la phénoménologie.

Quant à Heidegger, bien qu'il ait, sur le tard, tenté de renouer les fils de sa pensée avec la phénoménologie[19] ainsi qu'avec l'herméneutique [20], on peut se demander s'il n'a pas aussi contribué à désarticuler ces deux orientations d'abord complémentaires, à la mesure de sa mise en question de la métaphysique. De fait, lorsque, dans son « Dialogue avec le Japonais », Heidegger fait référence à un sens encore plus

---

17. Id., *Temps et récit*, 3, p. 251.

18. Id., *ibid.*, 3, p. 170.

19. Voir Heidegger, « Mein Weg in der Phänomenologie », *Zur Sache des Denkens*, Tübingen, Niemeyer, 1969, p. 81-90.

20. Id., *Unterwegs zur Sprache*, Pfullingen, Neske, 1959, p. 95-98, 120-128, 150.

originaire de l'*hermeneuïen* que toute interprétation – annoncer et faire connaître (*das Bringen von Botschaft und Kunde*) –, il oppose ce sens à la « manière de la métaphysique » et il fait signe vers le *Bezug* herméneutique, dimension où la langue nous requiert décisivement et plus originairement encore que dans la représentation du « cercle herméneutique[21] ».

Heidegger a certes précisé qu'il préférait que son chemin de pensée reste « sans nom[22] », laissant ainsi ouverte la question de l'articulation entre sa « phénoménologie de l'inapparent » et la dimension herméneutique ultime de sa pensée. Mais il n'a jamais pensé que la phénoménologie, pas plus que toute démarche philosophique digne de ce nom, pût faire l'économie d'un questionnement sur ses fondements et d'un débat avec sa langue, c'est-à-dire d'une herméneutique, fût-elle *in nuce* et quel que soit son degré d'élaboration thématique ou méthodologique.

Comment ne pas lui en donner acte et s'étonner qu'on puisse aujourd'hui refuser toute herméneutique, tout en se prétendant philosophe ? Si surprenant que cela puisse paraître à tous ceux qui ne dissocient pas la philosophie d'un travail incessant d'interprétation, il existe en effet des refus radicaux de l'herméneutique. Examinons deux sortes de disjonctions : aussi bien celles qui, travaillant phénoménologie et herméneutique de l'intérieur, remettent en cause leurs présuppositions respectives, que celles qui les attaquent de l'extérieur, à savoir à partir de traditions ou de projets qui contestent principiellement les deux traditions.

Désarticulation et déconstruction

Peut-on concevoir une phénoménologie sans herméneutique ? une déconstruction de la métaphysique qui en fasse également l'économie ? Que penser de ces dénégations de l'herméneutique ? S'enferment-elles dans une querelle purement verbale qui masque leurs véritables implications herméneutiques ?

---

21. Id., *ibid.*, p. 150.

22. Id., *ibid.*, p. 121.

Il paraît, à première vue, surprenant que l'exercice de la déconstruction conduise à contester l'herméneutique. Si la métaphysique dogmatique est morte et s'il n'y a plus que des interprétations, comme l'avait suggéré Nietzsche, ne reste-t-il pas à mieux comprendre la logique interne des concepts constitutifs de la philosophie, ainsi que la complexité de leurs sédimentations textuelles ? Une déconstruction bien comprise ne devrait-elle pas s'accepter comme herméneutique, sans jeter la suspicion sur le mot et ses connotations ? Nous avons en effet plus affaire à des soupçons qu'à une opposition frontale. Lorsque Derrida rencontre Gadamer, il lui demande si l'appel herméneutique à la bonne volonté, présenté comme un « axiome inconditionnel », ne présuppose pas « que la *volonté* reste la forme de cette inconditionnalité, le recours absolu, la détermination de dernière instance[23] ». C'est ainsi l'ensemble de l'horizon herméneutique comme espace de dialogue, possibilité d'appropriation de la parole d'autrui, espoir d'entente intersubjective, qui est récusé (ou du moins suspendu, puisque soupçonné de rester métaphysique), sous le prétexte que s'y réserve encore un projet réconciliateur et une sorte de retour de la *synopsis* platonicienne, peut-être même une version douce de la réconciliation hégélienne. On devine que le même type d'objection serait élevé contre l'herméneutique de Ricoeur, puisqu'elle entend préserver les mêmes présupposés d'intersubjectivité dialogique et pratique que chez Gadamer et dans la mesure où Ricoeur assume franchement – tout en repoussant la « tentation hégélienne » et en se dégageant d'une onto-théologie thématique – une reviviscence de la « fonction méta » au sein du projet métaphysique[24].

Si la déconstruction récuse ainsi la compréhension comme l'ultime horizon de l'herméneutique de même que l'unité d'un *corpus* phénoménologique, ne désarticule-t-elle pas tout recours au Sens au profit du texte et de la textualité ? Ne

---

23. Voir Jacques DERRIDA, « Bonnes volontés de puissance », *Revue Internationale de Philosophie,* n° 151, 1984, p. 341-343. Cf. Jean GRONDIN, *L'universalité de l'herméneutique, op. cit.*, p. 218.

24. Voir Paul RICOEUR, *Réflexion faite, op. cit.*, pp. 88 *sq.*

déplace-t-elle pas le travail herméneutique en fonction de la présupposition de la « mort de Dieu » afin de traquer dans leurs derniers retranchements toutes les rémanences suspectes de métaphysique et même de religiosité ? Si ces questions valent la peine d'être posées, cela ne justifie pas forcément leur utilisation condescendante. Gadamer a répondu sereinement à Derrida, alors que ce dernier avait lancé un soupçon sous la forme d'un titre étrangement accusateur : « Bonnes volontés de puissance », comme si l'appartenance à la métaphysique était toujours le fait d'autrui et comme si la récusation de la « bonne volonté » de compréhension suffisait à régler le compte de l'herméneutique.

Certes, non seulement la « bonne volonté » peut paraître un peu courte, mais elle est susceptible de masquer ses présuppositions (en particulier, langagières) ainsi que ses intentions (pas toujours explicites). Cependant, revenant à nouveau sur sa rencontre parisienne si décevante avec Jacques Derrida, Gadamer a fait de pertinentes remarques[25] qui permettent d'approfondir le débat. Il discerne la principale pomme de discorde : la critique du logocentrisme à partir de la déconstruction de la métaphysique de la présence. L'herméneutique reste-t-elle prisonnière du logocentrisme et de la métaphysique de la présence ? Gadamer le conteste en faisant valoir d'une part qu'il assume la critique heideggérienne du privilège de la vue chez les Grecs et même une certaine « destruction » heideggérienne de la métaphysique, mais non comme une fin en soi : comme une ouverture au dialogue vivant, aux continuités comme aux ruptures de tout partage linguistique.

L'enjeu est de taille : à partir d'une mise en question d'une attitude jugée (par Derrida) trop orientée vers l'entente et l'accord[26], c'est toute la question du « dépassement » de la métaphysique qui est reposée. Alors que Derrida pratique la déconstruction comme une tâche inlassable, tra-

---

25. Hans-Georg GADAMER,« Dekonstruktion und Hermeneutik, *Gesammelte Werke,* 10, pp. 138-147 ; « Déconstruction et herméneutique », *La philosophie herméneutique,* trad. J. GRONDIN, Paris, P.U.F., 1996, pp. 155-167.

26. Voir ID., *Philosophie herméneutique, op. cit.*, p. 161.

quant toutes les rémanences métaphysiques, Gadamer ne craint pas de s'interroger sur la pertinence de la référence constante et obsédante au « langage de la métaphysique[27] ».

Gadamer a littéralement raison en son interprétation de la *Destruktion* heideggérienne qui était effectivement différente de ce qu'en a fait la pratique derridienne : elle ne visait que l'ébranlement de la tradition sclérosée pour rendre « à nouveau parlantes[28] » ses expériences de pensée. Mais son concept de métaphysique semble insuffisant, si on le confronte avec l'ensemble du parcours critique effectué par le second Heidegger à partir de ses cours sur Nietzsche. Gadamer a une conception restrictive de la métaphysique, qui la limite à une « ontologie de l'étant-subsistant[29] », c'est-à-dire au noyau de l'onto-théologie. C'est, au fond, une conception classique, et d'ailleurs parfaitement respectable du problème. Derrida, en revanche, suit Heidegger jusque dans les derniers retranchements et jusqu'aux ultimes conséquences (qu'il retourne contre Heidegger lui-même) d'une contestation beaucoup plus radicale de la métaphysique à travers ce que Nietzsche identifiait comme notre « croyance à la grammaire » (mise en question que Derrida ira jusqu'à appliquer à la « politique du nom propre[30] »).

Comment un tel débat peut-il être tranché? Doit-il même l'être ? Quel que soit son intérêt, notre lecteur ne sera-t-il pas également en droit de nous faire revenir sur nos pas : quel

---

27. Id., *ibid.*, p. 162.

28. Id., *ibid.*, p. 164.

29. Voir id., *ibid.*, p. 157.

30. Voir Jacques Derrida, *Otobiographies. L'enseignement de Nietzsche et la politique du nom propre*, Paris, Galilée, 1984. Dans le recueil T*ext und Interpretation* (Ph. Forget éd., Munich, Fink Verlag, 1984), la contribution de Jacques Derrida ne vient pas, malgré son titre (*Guter Wille zur Macht – II*), prolonger directement la discussion avec Gadamer, mais présenter deux objections contre l'interprétation heideggérienne de Nietzsche, l'une concernant la nomination unifiante de Nietzsche, l'autre sur le concept de totalité que Heidegger appliquerait à tort à la pensée multiforme de la vie. Quant au recueil *Dialogue and Deconstruction. The Gadamer-Derrida Encounter* (édité par Diane Michelfelder et Richard Palmer, SUNY Press, 1989), il comporte – outre la traduction du recueil de Ph. Forget – d'intéressantes précisions de H.-G. Gadamer et une quinzaine d'essais sur la « rencontre ».

rapport avec la phénoménologie ? Entretemps, celle-ci n'a-t-elle pas été quelque peu oubliée ?

En fait, elle a été moins oubliée qu'exposée à la désarticulation de la présence et du sens par la déconstruction, car celle-ci rend finalement intenable tout logocentrisme, donc toute stabilisation de la phénoméno-logie. S'il paraît en aller différemment de l'herméneutique, c'est en raison d'une certaine pratique tolérante et ouverte de celle-ci par Gadamer et Ricoeur ; mais nous avons vu que l'herméneutique ontologique du premier Heidegger s'accompagnait d'une « destruction » de la tradition sclérosée et mettait en question le privilège de la présence du présent. L'entreprise menée par *Sein und Zeit* a bel et bien fait éclater le projet phénoménologique au sens husserlien. Rien n'oblige donc en principe l'herméneutique à légitimer la phénoménologie ni même à chercher un mode d'articulation avec elle (sinon précisément la « bonne volonté » gadamérienne, contestée par Derrida). L'enjeu du débat entre Gadamer et Derrida concerne, au fond, moins le passé de la phénoménologie que son possible. La radicalisation par Derrida de la mise en question heideggérienne de la métaphysique peut être plus ou moins opposée à tel ou tel style herméneutique. Mais l'essentiel est-il là? Gadamer et Derrida ne partagent-ils pas (même si le second serait peut-être réticent à en convenir) le même héritage heideggérien d'ébranlement du privilège de la présence du présent ? Dès lors, ni l'un ni l'autre ne peuvent plus être *stricto sensu* des phénoménologues au sens husserlien.

La distance entre herméneutique et déconstruction est-elle infranchissable ? Comme s'il convenait tacitement que ce n'est pas le cas, Derrida a pu admettre récemment (et certes sans parler uniquement en son nom propre): «... est-ce un hasard si nous avons tous, un jour, été tentés à la fois par une certaine dissidence à l'égard de la phénoménologie husserlienne et par une herméneutique dont la discipline doit tant à l'exégèse du texte religieux[31]?». De fait, si aucun héritage

31. Jacques DERRIDA, « Foi et savoir », in *La religion,* Paris, Éditions du Seuil, 1996, p. 16.

n'est univoque, nous avons vu à quel point le legs heideggérien d'une « phénoménologie herméneutique » est surdéterminé. C'est pourquoi Derrida ne peut honnêtement s'abstraire de ce réseau complexe à partir duquel et sur lequel sa pensée s'est greffée et a travaillé ; c'est peut-être aussi pourquoi, l'herméneutique, inspiration plus secrète et moins astreinte aux contraintes de la mise en évidence que la phénoménologie, ne cesse de réapparaître chez Derrida, y compris peut-être sous la forme d'une subtile sacralisation (alors que, pourtant, la déconstruction ne pose pas de limites à ses désappropriations): celle du texte comme tel.

En définitive, ce qui différencie et situe réciproquement (sans les articuler à proprement parler) phénoménologie et herméneutique, c'est la délimitation de la première au sein d'un horizon d'éclaircissement ou de mise à jour (la stabilisation d'un horizon de mise en présence / absence[32]), l'illimitation de la seconde dans les méandres de la lecture et de l'interprétation de textes de référence (dont le lien au sacré n'est peut-être jamais totalement inexistant). À cet égard, les hommages rendus à Emmanuel Lévinas sont révélateurs : si compréhensibles et légitimes soient-ils, surtout compte tenu de la date encore récente du décès de cette éminente figure de la pensée française, ils ne laissent guère percevoir une différence insurmontable entre le style de la déconstruction et celui de l'herméneutique : Paul Ricoeur signale tout au plus des « difficultés » dans un texte infiniment estimé[33]; Jacques Derrida – donnant à son adieu la forme d'un « à-Dieu » – ne formule plus en définitive qu'une « question-prière[34] » en saluant une œuvre dotée du privilège de nous combler d'une « dette légère et innocente », mise ainsi à part, sacrée et consacrée éthiquement (surtout par opposition à Heidegger). N'y a-t-il pas là un retour discret (fort respectable certes, mais digne de question) du religieux, du moral (et du « théïologique ») au sein même d'un geste philosophique en

32. Derrida a noté ce lien : «... une certaine phénoménologie (encore la lumière) » (*La religion, op. cit.*, p. 15).

33. Paul Ricoeur, *Autrement*, Paris, P.U.F., 1997.

34. Jacques Derrida, *Adieu à Emmanuel Lévinas*, Paris, Galilée, 1997, p. 26.

principe toujours critique, mais en fait gagné par la révérence envers l'altruisme et la hauteur de vues d'une œuvre consacrée ? Certes *Adieu*, allocution prononcée lors des obsèques d'Emmanuel Lévinas, offre un caractère de recueillement propre à la circonstance ; mais sa publication lui donne une portée plus définitive, sans que « Le mot d'accueil », conférence prononcée un an plus tard, vienne briser ce « recueillement » et rompre le fil conducteur de « l'à-dieu[35] ». On pourrait même, si l'on voulait renouer avec le point de vue critique du *Tournant théologique*, mettre en question le déplacement de la thématisation intentionnelle vers un accueil éthique – sinon religieux – en termes d'*hospitalité*[36].

Ainsi, même si la divergence des styles est avérée, déconstruction et herméneutique partagent un même lien au texte et à la textualité, à la tradition, à ses traces et à ses strates. Aux articulations et réarticulations des textes répondent les désarticulations et réarticulations interprétatives, fussent-elles suspendues, illimitées.

Y a-t-il alors encore place pour un horizon phénoménologique de mise en présence / absence ?

Nouvelle désarticulation

Le retour à la mise en lumière crue, à la vigueur descriptive, à l'ouverture de perspectives clairement découpées sur un plan d'immanence exclut toute complicité avec l'herméneutique (ou même avec la déconstruction). Brisant la référence révérente au texte, on revient aux choses mêmes dans la brutalité de leur apparaître, mais non principalement sous leurs figures eidétiques : bien plutôt en leurs procès, leurs devenirs, leurs lignes de fuite.

En ce sens, Deleuze lui-même, s'il fallait à tout prix céder à la tentation dangereuse des rapprochements, serait plus phé-

35. Id., *Adieu...*, *op. cit.*, pp. 41, 113, 177.

36. Id., *ibid.*, p. 50 : en écho à ce passage de *Totalité et infini*, p. 276 : « Elle [l'intentionnalité, la conscience-de] est attention à la parole ou accueil du visage, *hospitalité* et non pas thématisation ».

noménologue qu'il n'est herméneute. Avec le panache de la provocation, il ne mâche pas ses mots pour s'attaquer à ce qu'il considère comme des restaurations crypto-religieuses et moralisantes sous couvert de l'interprétation, mais il attaque ainsi la psychanalyse tout autant, et sans doute même plus, que l'herméneutique : « Signifiance et interprétose sont les deux maladies de la terre, le couple du despote et du prêtre[37]». Si outrancière soit-elle, cette appréciation polémique a sa logique, qui se situe dans le sillage du Nietzsche de *L'Antéchrist* et qui entend pousser l'athéisme bien au-delà d'une neutralité méthodologique : jusqu'à traquer tout Jugement de Dieu, tout système théologique fonctionnant en ces trois grandes strates : organisme, signifiance et subjectivation[38]. Mais même le devenir-rhizome s'expose, se justifie, même le livre-racine reste un livre, même le corps sans organe s'oppose à l'organisme et doit s'expliquer – malgré ses fuites et ses percées – avec des dualismes récurrents, même la nomadologie reste une « logie ». De ce fait, n'a-t-on pas toujours affaire a du sens (mais non pas au « sens » unifié choisi par Ricoeur), à de l'interprétation (sans « interprétose »)? Et n'avons-nous pas commencé à discerner que Deleuze lui-même – par un curieux effet de boomerang – peut être (à certaines conditions) qualifié de phénoménologue ? Ce qui, n'étant pas une injure, peut revêtir une certaine pertinence sous un angle d'attaque qu'il faut encore préciser.

Il serait évidemment ridicule de vouloir « annexer » l'œuvre de Deleuze au mouvement phénoménologique, comme on ajoute une rallonge le dimanche à la table de famille. Il s'agit, à l'inverse, de mieux comprendre pourquoi c'est une certaine incompatibilité (à la fois avec la phénoménologie et l'herméneutique) qui est venue au premier plan.

Incompatibilité d'« humeur » ou divergence radicale des présupposés ? La question vaut la peine d'être posée, précisé-

37. Gilles DELEUZE-Claire PARNET, *Dialogues*, Paris, Flammarion, 2e éd. coll. Champs, 1996, p. 58.

38. Voir Gilles DELEUZE-Félix GUATTARI, *Mille plateaux*, Paris, Éditions de Minuit, 1980, pp. 196-197.

ment parce que nous travaillons maintenant aux frontières de la « phénoménologie éclatée ». Alors que Deleuze lie la figure du prêtre à « l'interprétose », c'est celle du despote qui vient à son esprit à propos de la phénoménologie. Étrange dramatisation, qui s'éclaire cependant si l'on songe au caractère tyrannique et paranoïaque que revêt le visage chez Deleuze et à l'étroite intrication entre *eidos*, figure, mise en lumière.

Comment l'apparaître se donne-t-il sans signifiance ni interprétose ? Selon ses lignes de fuite. Ne pouvant entrer ici dans les détails, choisissons un exemple, un « plateau » entre mille et justement : la visagéité, le visage, cette machine « à défaire[39] ».

Le visage se dessine à la rencontre des axes de signifiance et de subjectivation : c'est le système « mur blanc-trou noir ». Deleuze exclut tout champ et toute position phénoménologiques (mais aussi toute « intégration structurante ») pour rendre compte de l'émergence du visage et à plus forte raison pour annoncer sa dissolution. Pourtant, ce qu'il fait, à sa manière attachante ou racoleuse (suivant les moments et selon les goûts), c'est bien une description typologique d'un invariant, le système de la visagéité et du visage. Et, en le présentant comme essentiellement chrétien, en isolant le Christ comme le visage par excellence, n'est-il pas lancé en pleine interprétation ? La phénoménologie bannie (parce que, comme chez Sartre, elle baigne dans l'intentionnalité), l'herméneutique honnie (à cause de son côté bondieusard) ne hantent-elles pas encore le plateau de la visagéité – et plus d'un autre ? Certes, rien n'est plus uniquement eidétique ; tout est dynamisé en régimes d'intensités ; mais pour mesurer un écart-type, il faut un type ; et les concepts sont encore les principaux repères de la méthode « rhyzomatique ».

Si cette excursion vers la corporéité « sans organe » paraît nous éloigner de notre propos, elle permet de reposer la question des limites des désarticulations entre apparaître et

39. Gilles DELEUZE-Félix GUATTARI, *Mille plateaux, op. cit.*, «7. Année zéro –Visagéité », pp. 205-234.

textualité, entre l'émergence du visage (ou de l'*eidos*) et sa remise en perspective, sa critique ou sa dissolution.

Dans quelle mesure l'acte d'*envisager*, si essentiel à toute phénoménologie, doit-il se stabiliser au sein d'un horizon de signifiance, ou – au contraire – peut-il s'inscrire dans une dynamique perspectiviste ? Portées ainsi à l'extrême, les désarticulations entre phénoménologie et herméneutique vont jusqu'à brouiller leurs limites, mais elles nous obligent à renouveler l'acuité de la vue et de l'ouïe au sein d'un étonnement philosophique renouvelé : celui du solitaire nietzschéen discernant « derrière chaque caverne une autre qui s'ouvre, plus profonde encore, et au-dessous de chaque surface un monde souterrain plus vaste, plus étranger, plus riche, et sous tous les fonds, sous toutes les fondations, un tréfonds plus profond encore[40] ».

Épilogue

Après avoir constaté à quel point une « phénoménologie herméneutique » postule un équilibre difficile à tenir, tandis que le rejet brutal de toute phénoménologie et de toute herméneutique n'exclut pas l'éventualité d'un retour inopiné et anarchique de l'une et/ou de l'autre, il reste à revenir sur un point qui nous a jusqu'ici partiellement échappé, ayant en quelque sorte glissé entre nos doigts ou nos lignes : il s'agit de cette divergence qui sépare radicalement Deleuze et Ricoeur autour de ce que ce dernier a eu le mérite d'identifier comme « le choix pour le sens ».

Il est évident que ce « choix » a une portée bien plus décisive que celle de savoir quelle sera la désarticulation ou, au contraire, la distribution des rôles entre deux quasi-disciplines (ou références méthodologiques) comme la phénoménologie et l'herméneutique. C'est toute la conception de la pensée philosophique qui se joue simultanément (et qui, du coup, ne manque pas d'impliquer la récusation ou la restau-

---

40. F. NIETZSCHE, *Par-delà bien et mal*, § 289. Nous reprenons la traduction proposée par Michel HAAR (*Nietzsche et la métaphysique*, Paris, Gallimard, 1993, pp. 77-78).

ration du projet métaphysique). Avouons, sur ce terrain, une double insatisfaction.

Si les désarticulations deleuziennes ont permis de pulvériser une trop sage unité de signifiance et de démultiplier les perspectives (ou les « plateaux ») sur des phénoménalités en devenir, elles ont laissé à l'arrière-plan l'interrogation sur le statut métaphysique d'une affirmation conceptuelle du hasard : Deleuze revendique hautement la dignité de « métaphysicien », mais se garde bien d'entrer sérieusement en dialogue avec la pensée heideggérienne sur la question du « dépassement » et de l'appropriation de la métaphysique – question qui lui est restée apparemment étrangère[41].

À l'inverse, Ricoeur assume clairement et décidément une réappropriation de la « fonction méta » en sa double stratégie de hiérarchisation et de différenciation[42], de telle sorte que son « choix pour le sens » se réarticule – quoi qu'il en ait – selon le pli de la structure onto-théologique, la phénoménologie venant prendre la place de l'ontologie (sous la forme d'une ontologie de l'agir) et l'herméneutique venant se loger dans l'espace correspondant à la théologie. Le respect de la dimension « méta » comme espace de questionnement essentiel ne nous conduit pas à approuver cette entreprise de restauration de la métaphysique, ni un partage trop symétrique et disciplinaire des rôles entre phénoménologie et herméneutique[43].

Une phénoménologie doit-elle choisir une fois pour toutes « le Sens » (en une acception évidemment métaphysique)? C'était jusqu'à présent la pente difficilement évitable de toute phénoménologie unifiée ; mais ce n'est peut-être pas la

---

41. En présentant Alfred Jarry comme « un précurseur méconnu de Heidegger » (*Critique et clinique*, Paris, Éditions de Minuit, 1993, chap. XI), Deleuze ne vise-t-il qu'à ridiculiser celui-ci ? Ce serait méconnaître son immense sympathie pour tout exercice ubuesque et sa complicité envers Heidegger en tant que poète (*ibid.*, p. 123). Reste à penser l'enjeu du « sérieux » en ce jeu...

42. Paul RICOEUR, *Réflexion faite, op. cit.*, p. 88 *sq.*

43. Sur l'intelligence du « méta » et les divergences entre nos vues et celles de Ricoeur sur ce point, voir *Chronos, op. cit.*, p. 266, et notre article, « Métaphysique et histoire » (*Revue de synthèse*, 1993, n° 2, pp. 248-253).

contrainte inévitable d'un style minimaliste en phénoménologie. Ainsi s'ébauche notre divergence à l'égard de la position de Paul Ricoeur.

Par contraste, l'intrusion inattendue et dérangeante de la contestation deleuzienne n'avait-elle d'autre propos que de réintroduire l'esprit de contradiction et de venir miner tout essai de restauration de la métaphysique spiritualiste sous le couvert de la phénoménologie et/ou de l'herméneutique ? Ce fut l'occasion d'une trop brève « expérience de pensée » aux limites et dont la conclusion toute provisoire paraît être la suivante : il n'est décidément pas facile de se débarrasser de tout sens, de toute interprétation, de toute métaphysique. Et d'ailleurs le faut-il absolument ? Sympathique, puisqu'elle va dans le sens de l'inventivité et d'une exploration toujours plus poussée du virtuel, la réponse deleuzienne entretient une certaine confusion et reste insatisfaisante sur le terrain qui nous occupe ici, celui de la méthode. Si elle est phénoménologique, ce n'est pas du tout parce qu'elle restaure une ontologie, mais parce qu'elle tente la gageure d'une « nomadisation » des descriptions. Phénoménologie paradoxale, qui n'est peut-être pas incompatible avec le minimalisme que nous recherchons, à condition d'admettre en celui-ci une pluralité de styles.

Le chapitre suivant va préciser ces perspectives. On verra alors dans quelle mesure, sur le front contigu de l'herméneutique, notre enquête ne nous place pas en désaccord avec ce qu'il ne serait peut-être pas déplacé d'appeler un « minimalisme herméneutique[44] ». Selon celui-ci, le concept heideggérien de compréhension (*Verstehen*), revendiqué comme un « existential » sous-jacent à tous les actes d'explicitation, est lui-même encore soumis à des équivoques et doit par conséquent passer sous les fourches caudines du travail grammatical et linguistique. L'herméneutique de l'histoire de l'efficience s'avère dépendante d'une herméneutique des jeux de langage[45]. On conteste ainsi moins l'herméneutique en son

44. Position qui nous paraît défendue, même si ce n'est pas exactement en ces termes, par Jacques Bouveresse, dans *Herméneutique et linguistique*, Combas, Éditions de l'Éclat, 1991.

45. Id., *ibid.*, p. 53.

sens heuristique que ses versions historicistes et son éventuelle propension à se replier sur une « auto-interprétation » dispensant d'une clarification de ses concepts et de sa syntaxe.

Toutes ces contestations et ces mises au point peuvent, en une sorte de contraste salutaire, nous obliger à réfléchir sur les présuppositions minimales et les limites que phénoménologie et herméneutique doivent assumer pour trouver un *modus vivendi et cognoscendi.* À moins qu'il ne faille accepter de travailler dans l'espace de leur désarticulation et dans le « sans nom »...

Il reste, de toute façon, encore beaucoup à faire pour préciser les modes possibles et effectifs d'articulation ou de désarticulation entre phénoménologie et herméneutique, en faisant nôtre ce mot de Wittgenstein : « Lorsque j'interprète, je progresse de degré en degré sur le chemin de la pensée[46]. »

---

46. L. WITTGENSTEIN, *Zettel,* § 234, cité par J. BOUVERESSE, *Herméneutique et linguistique, op. cit.,* p. 37.

V
POUR UNE PHÉNOMÉNOLOGIE MINIMALISTE

La fin des surenchères

En se posant comme philosophie première, en prétendant occuper à elle seule l'horizon de la « vraie » philosophie à venir, une certaine phénoménologie nous a paru présumer de ses forces. Cette présomption consiste à vouloir restaurer l'antique privilège régalien de la philosophie sur les sciences particulières, à spéculer excessivement sur son propre « possible », à pratiquer même une tactique de l'hyperbole pour obtenir écoute et reconnaissance de la part du gros des philosophes non positivistes. Qu'il s'agisse d'une opération menée à dessein, d'une foi authentique dans la mission de la philosophie ou d'une illusion sincèrement entretenue pour stimuler une recherche personnelle, le risque pris par ce type de phénoménologie est évident et se révèle d'emblée dans l'ambition qu'elle revendique plus ou moins hautement (parfaire à elle seule « la » phénoménologie !) et qui risque de lui faire gommer à la fois la fragilité et le pluralisme indissociables de toute enquête abordant l'apparaître phénoménal.

Sur ce front de la philosophie première, mais aussi sur celui de l'herméneutique, il est apparu que la phénoménologie ne peut vouloir occuper une position dominante et impérieuse sans payer un prix élevé : plus ses ambitions s'étendent, moins sa spécificité est assurée. Le phénomène est sacrifié à ses conditions transcendantales ou même transcendantes. La restauration du caractère à la fois fondateur et ultime de la philosophie suppose l'unification de son objet par excellence : ainsi la donation sera-t-elle désormais considérée comme la clé de toute phénoménalité. Dès lors, cette phénoménologie n'arrive pas à clarifier ses relations avec la métaphysique ; elle se trouve, au contraire, reprise dans les rets de celle-ci et contrainte de maintenir le flou sur l'écart qui subsiste entre le projet affiché, purement phénoménologique, et les résultats ambigus.

Du côté de l'herméneutique également, la phénoménologie ne gagne vraiment rien de solide à se vouloir dominante ou omniprésente. Car si celle-ci s'annexe celle-là comme un canton de son vaste empire, elle lui fait perdre son sens propre et son rôle spécifique : le jeu interprétatif est d'emblée subordonné à la fixation des visées sur le phénomène et la phénoménalité. Et si, au contraire, la phénoménologie s'accepte comme herméneutique de part en part, ce sont ses conceptions du phénomène et de la phénoménalité qu'elle doit voir sans cesse remises en question. La solution est-elle à chercher, avec Ricoeur, dans un partage clairement distribué des rôles, l'herméneutique prenant le relais d'une phénoménologie conçue comme accueil des phénomènes ? Nous avons marqué l'intérêt de cette perspective, mais aussi les difficultés qu'elle nourrit. Il s'agit maintenant, dans le droit fil de nos essais de réorientation de la phénoménologie, d'esquisser un « minimalisme » et d'en préciser le sens.

La fin des surenchères ne se réduit pas à une prudente modestie. Il faut tirer les leçons d'une expérience déjà lourde de toute une tradition de recherches, de Husserl et Heidegger à Merleau-Ponty et ses émules. Il s'agit aussi de ne pas rester sourd aux critiques, souvent parfaitement justifiées et argumentées, qui ont été adressées « de l'extérieur » au discours phénoménologique. Il s'agit, plus positivement, de féconder les virtualités, les incitations, les suggestions dont le mouvement phénoménologique a été porteur.

N'oublions pas que la tradition phénoménologique est lestée, depuis Husserl, d'une ambiguïté constitutive et apparemment insurmontable entre son idéal scientifique et son questionnement philosophique : la réorientation ébauchée à la fin du *Tournant théologique* s'est effectuée à partir de l'analyse de cette situation en grande partie conflictuelle[1]. Certes Husserl, tout en restant fasciné par le modèle géométrique, se met en quête d'une scientificité *sui generis* pour la phénoménologie, mais cette visée repose sur la présupposition d'origine platonicienne que la rationalité s'avère d'autant plus authentique qu'elle est plus radicale et plus unifiée. Malgré la pratique de l'*épokhè* et la mise de côté des questions métaphysiques ultimes, la phénoménologie se trouve ainsi rabattue vers une cohérence sans cesse idéalisée. Cette sublimation ne cesse de se réactiver grâce à une ardeur programmatique moins soucieuse d'articuler des résultats certains que d'intensifier sa propre recherche. Alors que les sciences exactes ont conquis leurs « noyaux durs » grâce à une opérativité à la fois critique et expérimentale toujours plus déterminée et spécialisée, la phénoménologie husserlienne poursuit le rêve d'une téléologie de la raison, ce qui explique que le thème de sa propre « scientificité » reste en grande partie rhétorique.

Même si Heidegger n'apparaît pas rétrospectivement comme le mieux placé pour donner à Husserl des leçons sur ce terrain, on comprend peut-être, à la lumière de ce qui vient d'être rappelé, les critiques corrosives qu'il confiait en 1923 à Jaspers : « Husserl a complètement déraillé – s'il a jamais été dans le coup – ce qui m'est apparu récemment de plus en plus douteux – il oscille d'un côté à l'autre et dit des trivialités, que c'est à faire pitié. Il vit de sa mission de “fondateur de la phénoménologie”, personne ne sait ce que c'est...[2]»

Malgré le côté excessif d'un mouvement d'humeur qui vise plus l'homme que l'œuvre (et, au sein de celle-ci, moins l'inspiration proprement phénoménologique que ses sédi-

1. Voir *Le tournant..., op. cit.*, p. 81 : « le projet phénoménologique n'a acquis, avec Husserl, une consistance propre qu'en inventant un nouveau mode d'intersection entre deux aires qui n'ont cessé, depuis l'instauration grecque, de se chevaucher, mais aussi de redéfinir conflictuellement leur topologie : le questionnement philosophique et la recherche scientifique d'invariants. »

2. Martin HEIDEGGER-Karl JASPERS, *Briefwechsel 1920-1963*, Frankfurt-München, Klostermann-Piper, 1990, p. 42 ; trad. fr. modifiée, Paris, Gallimard, 1996, p. 36.

mentations doctrinales), n'y a-t-il pas du vrai dans cette critique des ambiguïtés – voire des confusions – du projet husserlien ? Il n'est pas surprenant que cette tension conflictuelle ait explosé en tendances divergences. Les uns ont pris Husserl au mot pour tenter de donner consistance à des phénoménologies régionales étayées par des recherches méthodologiques, les autres ont seulement utilisé le thème de la rigueur phénoménologique au profit d'une restauration plus ou moins avouée de la métaphysique.

Faut-il choisir dans le désordre ? Notre réorientation ne doit-elle pas plutôt bénéficier des leçons de l'ensemble des expériences plus ou moins heureuses, plus ou moins inspirées, qui constituent désormais la riche tradition post-husserlienne ?

Afin de donner un contenu plus net à cette salutaire réorientation, précisons le caractère « minimal » de certains travaux déjà effectués, réservant le « minimalisme » au type de phénoménologie que nous appelons de nos vœux.

Le choix de cette épithète mérite quelques éclaircissements ou justifications.

Faisons droit, tout d'abord, à une distinction terminologique apparemment formelle : le minimalisme – du moins tel que nous l'entendons – n'équivaut pas à un minimal factuel. Ce dernier risque de se réduire à une limitation systématique des objectifs et à une résignation de principe sur la maigreur des résultats : limiter les frais, en faire le moins possible, ne pas prendre de risques. Dans la mesure même où le minimalisme que nous prônons ne concerne que le moment phénoménologique, il n'entend ni borner ni brimer le questionnement philosophique comme tel. Il faut plutôt l'entendre comme un recentrement, une redélimitation à la fois terminologique (ne pas se payer de mots) et méthodologique (permettre à la phase phénoménologique de mieux s'insérer dans un partage du travail philosophique).

D'autre part, faut-il retenir une analogie avec le *minimal art* ? Bien qu'il ne nous soit venu à l'esprit qu'après avoir perçu le sens d'un minimalisme méthodologique, le rapprochement a déjà été opéré par Allen Leepa plaçant la source d'inspiration dans la phénoménologie, et non l'inverse : « L'artiste minimal tente confusément de réaliser dans une forme visuelle ce que les philosophes et les écrivains ont verbalisé : l'étude des phénomènes [la phénoménologie] est la base de l'expérience[3]. » Quelle que soit la validité d'un tel jugement, il a le mérite d'attirer l'attention sur le dépouillement formel et le retour à des objets élémentaires qui semblent caractériser dans les deux cas le souci des « choses mêmes ». Mais l'analogie s'arrête là : elle ne saurait être poussée plus avant ni historiquement ni méthodologiquement. Né aux États-Unis autour de 1965, relayé en France dans les années 1970 par le mouvement « support-surface », l'art minimal ne présente ni l'ancienneté ni la continuité de la tradition phénoménologique. Surtout, ni son domaine, ni son projet ni ses méthodes ne sont comparables terme à terme avec le mouvement phénoménologique, d'ailleurs si divers. L'art minimal représente-t-il un blocage positiviste de l'abstraction picturale et plastique ? Même si cette appréciation de Marcelin Pleynet paraît sévère, elle rappelle que ce courant esthétique n'est intelligible que comme un canton assez limité d'un art abstrait réfléchissant sur des conditions matérielles et formelles, au risque de friser (comme d'autres tendances relativement récentes) le « non-art » ou « l'anti-art ». Le sens que prend le « minimalisme » en phénoménologie n'est nullement celui d'un arrêt définitif sur l'image ou sur l'objet, mais plutôt celui d'une stimulation de la recherche grâce à un retour aux origines de l'émerveillement devant l'apparaître.

À partir du moment où l'entreprise phénoménologique renonce à se poser comme philosophie première ou détentrice de la mission de la « vraie » philosophie, elle revient aux conditions de son propre accueil de la phénoménalité. Ce n'est point par feinte modestie, mais dans le souci de retrouver ce qui lui est le plus spécifique et qui s'avère irremplaçable : une attitude de neutralité, ayant éliminé les préjugés doxiques, permettant la description d'un certain type de phénomènes, en y recherchant des invariants caractéristiques.

3. Citation donnée par Marcelin Pleynet dans l'article « Art minimal » de l'*Encyclopaedia Universalis*, vol. 12, p. 321.

Travail volontairement préparatoire ou fin en soi ? Le minimaliste n'a même pas à se poser cette question ; il lui suffit d'être sûr d'avancer sur le terrain phénoménologique en traitant « comme un problème autonome la manière d'apparaître des choses[4] » (y compris au sein du psychisme).

Quelles que soient ses bonnes intentions et sa rigueur (assumant décidément le caractère limité d'une phénoménologie de la finitude), une phénoménologie minimaliste n'aura cependant, du seul fait des contraintes qu'elle entend assumer, ni à se prévaloir d'un surcroît de scientificité ni à s'approprier toutes les vertus du questionnement philosophique. Le minimalisme n'échappe pas à la tension entre les deux pôles qui conditionnent toute phénoménologie. Il se borne à assumer cette tension dans la plus grande clarté possible et sans préjuger des autres moments.

Quant à l'absence de surenchères, elle a pu se manifester dans d'autres circonstances et des contextes différents, à partir du moment où le projet phénoménologique se dépouillait de toute prétention métaphysique ou ultimement systématique. Mais plus qu'un constat de fin effective desdites surenchères, notre titre a exprimé un souhait, formulé surtout en fonction d'une situation bien française, toujours trop idéologique. Des pierres d'attente ont déjà été posées. Des distinctions s'imposent à leur propos.

Hors de la tradition husserlienne ou contre elle, transgressant – à dessein ou non – ses prescriptions, des tentatives ont déjà eu lieu, même si elles ne portaient pas l'intitulé minimaliste. Nous examinerons successivement, parmi ces tentatives phénoménologiques, celles qui se veulent positives, expérimentales ou limitées (et qui paraissent essentiellement heuristiques), ensuite la recherche d'une « phénoménologie de l'inapparent » qui, en ses percées les plus novatrices, relève d'une phénoménologie minimale dont la spécificité n'a pas encore été assez reconnue. Ces premières différenciations permettront d'expliciter et d'illustrer le type de minimalisme phénoménologique que nous entendons prôner et pratiquer.

---

4. Expression de Paul Ricoeur, dans *À l'école de la phénoménologie*, Paris, Vrin, 1987, p. 77. Voir notre *Tournant théologique...*, *op. cit.*, p. 85.

Au sens large, pourrait être dénommée heuristique toute entreprise phénoménologique renonçant à se poser comme fin en soi ou unité systématique, mais constituant une phase de recherche dans un projet éventuellement plus vaste, en mettant à l'épreuve une hypothèse de travail, au moyen de descriptions méthodiques. Le risque est ici de voir se dissoudre la spécificité de la phénoménologie dans une sorte d'empirisme de la description « tout terrain ». C'est pourquoi une ligne de partage peut être dessinée entre des descriptions de type littéraire (qui peuvent, d'ailleurs, être fascinantes et tout à fait précieuses esthétiquement ou psychologiquement) et des descriptions régulées par un idéal morphologique. Dans ce dernier cas, la description ne s'opère nullement au hasard de la plume ou de l'inspiration, mais en fonction de la recherche d'une forme prégnante et significative. La description est génératrice de forme ; et il n'est pas exclu que cette forme puisse revêtir une structure mathématique.

On voit ainsi se dessiner une différenciation, grâce au fourmillement du possible en matière de descriptions évocatrices. Celles-ci peuvent elles-mêmes se structurer de manière méthodique, comme en chimie, où la phase phénoménologique énumère les caractères de l'apparence physique d'un corps (ce qui suppose déjà que ce corps soit identifié et que se dessine le projet d'isoler ses propriétés constantes au-delà de ses transformations visibles et sensibles). Si la progression dans le sens morphologique correspond de toute évidence à un progrès dans le formalisme, on peut se demander si une description ne devient pas phénoménologique dès le moment où se dégage du jeu de l'apparaître la logique d'une constance isolable. Chez Husserl lui-même, la visée des essences à travers les variations imaginaires a déjà un caractère phénoménologique, quoique n'atteignant pas encore la radicalité de l'*épokhè* transcendantale. Cette première réduction devra, à son tour, être réduite ; mais elle est amorcée ; à ce titre, elle met en œuvre une phénoménologie heuristique.

Il faut toutefois reconnaître qu'il est impossible d'isoler une étape phénoménologique *purement* heuristique, laquelle ne ferait intervenir aucune idée préconçue, aucune hypothèse préalable, fût-elle totalement implicite. On retrouve ici le cercle à la fois herméneutique et épistémologique du fameux mot de Newton, *hypotheses non fingo.* Autant il est légitime de vouloir éliminer le foisonnement anarchique des hypothèses, autant il est inévitable que ce projet lui-même soit littéralement hypo-thétique, puisqu'il conditionne la progression rigoureuse du projet scientifique. Analysant ce conditionnement réciproque de la description et de l'explication dans le travail du scientifique, René Thom, prenant l'exemple de l'extraordinaire opérativité obtenue par la loi newtonienne de la gravitation, montre à juste titre que « le but essentiel de l'activité théorique du savant » n'est autre que « la réduction de l'arbitraire dans la description[5] ». Mais, du coup, comme aucune description n'est « innocente », c'est-à-dire exempte de préconception, est-il légitime d'affirmer avec Thom que « toute science est l'étude d'une phénoménologie[6] », comme si l'antécédence de celle-ci s'imposait sans autre forme de procès ? En fait, la phénoménologie en ce sens est d'emblée recherche d'une morphologie et même peut-être d'une herméneutique. Si l'on peut ici tracer une ligne de partage entre l'attitude réductionniste classique qui, nous dit Thom, « casse la boîte noire » et l'attitude phénoménologique qui décrit les nuages de points « tels qu'ils apparaissent[7] », il n'en reste pas moins que cet appel à la phénoménologie, réactivant du sens de la description, suppose un projet morphologique, en l'occurrence un certain type de formalisation mathématique des phénomènes.

Il n'y a aucune raison de dénier à ce type d'approche un caractère phénoménologique. En revanche, il est impossible

---

5. René Thom, *Modèles mathématiques de la morphogenèse,* Paris, U.G.E., 1974, p. 20.

6. Id., *ibid.,* p. 7.

7. Voir Alain Boutot, *L'invention des formes,* Paris, Odile Jacob, 1993, p. 63 et la présentation de la théorie des catastrophes comme une « herméneutique phénoménologique » (*ibid.,* p. 60).

de lui concéder qu'il soit exempt de préconception, ni qu'il soit le seul possible. On en trouvera une variante, méthodologiquement plus sophistiquée, dans l'hétérophénoménologie de Daniel Dennett.

Voyage en hétérophénoménologie

Daniel Dennett est un homme d'esprit. Il a un sens de l'humour qui s'applique souvent à ses propres recherches. Ainsi, pour faire comprendre sa conception de la phénoménologie, il met en scène la fiction théorique suivante[8]: supposons qu'il existe une tribu qui adore un dieu jusqu'ici inconnu dénommé Phénhomme ; les membres de cette tribu, les Phénhommanes, attribuent toutes sortes de qualités, en grande partie contradictoires, à leur dieu. Que vont faire les savants face à leurs croyances ? Ils vont mettre entre parenthèses leurs propres croyances, se comporter en « savants agnostiques ». Ils vont rassembler les descriptions des croyances des indigènes, les comparer, les confronter, les ordonner, en faire une analyse suivie. Phénhomme, devenu « objet intentionnel », est pour eux (Phénhomménologues) une construction parmi d'autres. Tel n'est pas le cas, bien entendu, pour les croyants qui pensaient tout savoir sur leur dieu, mais se rendent compte qu'ils peuvent en apprendre plus au contact des Phénhomménologues. Toute croyance est ambiguë, mais un indigène qui adopterait relativement à ses propres croyances l'attitude de « distance et de neutralité » des Phénhomménologues perdrait évidemment la foi. Conclusion de Dennett sur ce point : « La méthode phénoménologique ne met en question ni n'accepte entièrement les assertions des sujets, mais elle maintient une neutralité constructive et sympathique, dans l'espoir de parvenir à une *description* complète du monde selon les sujets[9]. » Et cette description sera elle-même une étape dans la constitution d'une théorie explicative de tous les faits en question.

---

8. Voir Daniel DENNETT, *La conscience expliquée,* trad. Pascal ENGEL, Paris, Odile Jacob, 1991, pp. 110-112.
9. ID., *ibid.*, pp. 111-112.

Nous voici bien loin de la philosophie première ! La référence à la phénoménologie résulte-t-elle ici d'une pure et simple homonymie ? La fiction théorique de Dennett ne saurait cependant complètement surprendre ni désarçonner un phénoménologue formé à l'école husserlienne et « continentale ». Il y reconnaîtra une critique de la psychologie en première personne, devenue classique depuis Comte et relayée par l'école behavioriste. Non seulement cette critique a sa légitimité dans le cadre de la recherche de la plus grande objectivité possible dans ce secteur sensible des sciences humaines, mais elle peut être reprise en compte à partir d'un point de vue husserlien. En effet, Husserl a toujours voulu dépasser l'introspection aussi bien que les points de vue subjectifs particuliers dans l'approche de la « chose même ».

Supposons qu'on accepte provisoirement la distinction faite par Dennett entre autophénoménologie et hétérophénoménologie : comment caractériser cette différence sans caricaturer les positions en présence ? Il s'avère impossible de s'en tenir au point de vue de Dennett lui-même sur ce qu'il nomme l'autophénoménologie : il la réduit à la psychologie en première personne (fût-elle mise au pluriel[10]), ce qui constitue un contresens majeur sur la phénoménologie husserlienne, laquelle, de toute façon, ne se borne nullement à vouloir donner des descriptions aussi objectives que possible des objets intentionnels. S'il est ainsi évident que la qualité et la portée proprement philosophiques de la phénoménologie husserlienne échappent à Dennett qui, d'ailleurs, ne se prétend pas plus expert en la matière qu'il ne l'est[11], les choses se compliquent pour devenir plus intéressantes quand on envisage la mise en question par Dennett du Théâtre cartésien, c'est-à-dire du caractère fondamental du rôle du sujet.

---

10. ID., *Ibid.*, pp. 91-95.

11. Il est significatif qu'aucun titre de Husserl n'apparaisse dans l'abondante bibliographie de *La conscience expliquée* et que, par ailleurs, la seule source précise à cet égard citée dans *Brainstorms* (Brighton, Harvester Press, 1978, p. 333) soit un article de Richard SCHACHT, « Husserlian and Heideggerian Phenomenology », *Philosophical Studies,* XXIII (1972), pp. 293-314, référence un peu maigre, même si l'on ne met pas en cause sa qualité.

Dans cette perspective, en exploitant philosophiquement cet aperçu plus que Dennett n'a pu ou voulu le faire, il semble permis de soutenir que le maintien de la phénoménologie husserlienne dans l'horizon de la subjectivité transcendantale (joint à son mépris ou à sa négligence des données empiriques) l'empêche de dépasser un point de vue subjectif en quelque sorte sublimé, en tout cas une autoréférence qui interdit elle-même à l'« autophénoménologue » de sortir vraiment de la citadelle du Théâtre cartésien.

Cependant, cette objection inspirée par la fécondité d'un travail critique mené « en extériorité » peut être retournée : Dennett reste prisonnier d'une distinction rigide entre « l'hétéro » et « l'auto » qui l'empêche de réexaminer – au terme de son parcours hétérophénoménologique – la question philosophique du sujet[12]. Il en résulte que son concept de phénoménologie est moins intéressant que les recherches ingénieuses menées sur le terrain, qui conduisent à une théorie de la conscience humaine comme « machine virtuelle ». L'hétérophénoménologie a un intérêt essentiellement critique et reste en cela dans l'horizon de la phénoménologie heuristique.

Heidegger, quant à lui, a inventé un type d'approche tout autre, absolument inconcevable aussi bien à partir du projet husserlien que dans l'horizon et les termes de l'extension d'un savoir scientifique.

Deuxième différenciation : la phénoménologie tautologique

Insolite, cette phénoménologie que Heidegger caractérise dans les dernières années de son activité l'est à plus d'un titre. On peut même se demander si le Maître ne l'a pas baptisée ainsi, à la fois pour répondre aux questions répétées de ses disciples et amis, déconcertés par sa rupture avec toute phénoménologie méthodique, et pour avoir le « dernier

12. On peut se demander s'il ne continue pas à traiter les partenaires de ses recherches cognitives en sujets, même si ce n'est plus en un sens substantialiste ni absolu.

mot » vis-à-vis de Husserl en redessinant à sa manière, toujours singulière, son « chemin dans la phénoménologie[13] ».

Quoi qu'il en soit, cette « phénoménologie de l'inapparent[14] » mérite d'être considérée comme minimale, en ce sens qu'elle renonce à tout ce qui haussait l'ambition husserlienne à l'étiage maximal : faire de la phénoménologie une science rigoureuse à sa façon et qui pût se constituer comme philosophie première. Nous venons d'établir qu'elle renonce également à s'insérer dans une entreprise scientifique au titre d'une recherche préliminaire dont le caractère aporétique préparerait une morphologie ou une étude à visée apodictique. Il y a même dans l'*unscheinbar*, l'inapparent au sens où Heidegger l'approche en ses exercices « phénoménologiques » ultimes, une nuance de discrétion, de modestie, d'imperceptibilité qui se veut le propre de la chose en ce qu'elle a de plus propre : « Cela seulement qui sans apparence naît de l'Anneau du monde devient un jour une chose[15]. » Se détacher de la chose comme objet pour regarder une rose ou un pichet en leur émergence, c'est une manière habituellement négligée d'aborder ces « choses » et de les resituer dans leur monde, en tant que ce monde se donne comme tel. Et c'est à partir de ce jeu où se tiennent, se reflètent et miroitent la terre, le ciel, les divins, les mortels, que doit s'entendre ce mot étrange, à l'allure tautologique : « Le monde se déploie dans la mesure où il se donne comme monde[16]. »

---

13. Voir le texte tardif et de circonstance qui porte ce nom (hommage à l'éditeur Niemeyer pour son quatre-vingtième anniversaire, le 16 avril 1963) : « Mein Weg in der Phänomenologie », *Zur Sache des Denkens, op. cit.*, pp. 81-90 ; *Questions IV, trad. cit.*, pp. 161-175.

14. Sur les trois sens de cette expression, voir notre mise au point dans *Chronos, op. cit.*, p. 159. L'inapparent, au sens le plus essentiel, y a été caractérisé comme cette « phénoménalité par excellence qui, ni immédiate ni ontique, ne se laisse pas non plus réduire à une visée eidétique ».

15. *Nur was aus der Ring der Welt unscheinbar entspringt wird einmal Ding*, cité par André PRÉAU (trad. d'*Essais et conférences*, Paris, Gallimard, 1958, p. 218) avec cette précision de Heidegger : « 'sans apparence' (*unscheinbar*) désigne ce qui, étant simple, n'attire pas l'attention et qui pourtant n'est pas pure illusion. »

16. HEIDEGGER, *Essais et conférences, trad. cit.* (modifiée), p. 214 ; *Vorträge und Aufsätze*, Pfullingen, Neske, 1954, p. 178 (« *Welt west, indem sie weltet* »).

Vis-à-vis de la langue, tout comme de l'espace et du temps, s'opère le même essai de restitution, impliquant une conversion du regard à une « simplicité » étrangère à la rationalité représentative : « Ces rapports sont tellement simples qu'ils demeurent inaccessibles à toute pensée qui calcule. Où ils sont montrés, la représentation courante se ferme à ce regard[17]. »

Qu'il s'agisse de la temporalisation du temps (sur laquelle nous allons revenir), de la spatialisation de l'espace, toutes deux intimement liées au jeu du monde, ce qui est ainsi montré comme le plus digne d'être pensé relève du déploiement le plus essentiel et originaire du dire (*die Sage*). Lorsque se trouve précisé ce que veut dire cette *Sage,* on comprend qu'il s'agit bien de la monstration « phénoménologique » (au sens tautologique) : « Dire signifie : montrer, laisser apparaître, offrir le monde dans sa libre éclaircie qui se réserve[18]. »

On ne manquera pas d'objecter : que subsiste-t-il de phénoménologique dans cette entreprise, une fois que toute l'armature du projet de constitution a été sacrifiée ? La réponse ne saurait être séparée de celle qui concerne la philosophie elle-même pour le second Heidegger : c'est désormais la pensée (*Denken*) qui est sollicitée et non plus l'activité philosophique au sens réflexif. Le pas de recul (*Schritt zurück)* vis-à-vis du savoir philosophique et de la métaphysique ne garde du *logos* qu'un recueil minimal tout attentif à ce qui dans l'apparaître... n'apparaît pas.

Cette « phénoménologie de l'inapparent » nomme-t-elle un oxymore, un suprême paradoxe, une déconcertante impossibilité? Le Maître a-t-il malicieusement jeté à ses disciples un os à ronger pour les occuper ? On comprend formellement en quel sens elle concerne le Même et mérite d'être appelée « tautologique » : elle consiste à revenir à des évidences premières de l'apparaître phénoménal : le temps temporalise, la parole parle, le monde se donne comme tel.

Est-ce sérieux ? Ce que les normaliens de la rue d'Ulm

17. HEIDEGGER, *Unterwegs zur Sprache,* Pfullingen, Neske, 1959, p. 213 ; *Acheminement vers la Parole,* Paris, Gallimard, 1976, p. 198.

18. ID., *ibid.*, p. 214 ; *trad. cit.* (modifiée), p. 200.

nomment canular ne connaît-il pas une sorte d'analogue dans une raillerie, *das Kuinzige*, que pratiquent à l'est et au sud d'Ulm, de vieux souabes malins ? Ce serait, en bonne part, une version « Forêt noire » de l'ironie socratique. En mauvaise part : l'aveu involontaire d'un piteux échec de la pensée philosophique. Et il suffirait d'en rire comme Gabriel Marcel nous y incite dans une comédie peu connue, *La dimension Florestan*, où le Maître (Heidegger aussi attendu que Tartuffe) joue à l'oracle presque silencieux jusqu'au moment où sa plus grande admiratrice cite cette pensée définitive : « La poire poire. »

Le rire est de bonne guerre. L'ironie socratique elle-même n'a pas été épargnée par le gros comique d'Aristophane. Une question subsiste cependant : le recours à la tautologie est-il, dans le cas présent, la position d'une pure et simple identité formelle ne « voulant rien dire »? Ou, ne voulant certes rien dire de plus sur le temps, la parole, le monde que les innombrables discours tenus *sur eux* ? La phénoménologie « tautologique » ne veut-elle pas dire (ou plutôt laisser voir, laisser entendre) précisément ce que tout dire transgresse ? Dès lors, le Même qu'il s'agit de serrer (d'habiter) au plus proche n'est autre que le don même du temps, de la parole, du monde. Accueillir non pas seulement tout ce qui apparaît dans le temps, la parole, le monde, mais la manière d'être, à la fois impérieuse et discrète, de l'apparaître et de ce qu'il réserve. Et, de fait, à propos du temps, la conférence « Temps et être » précise bien qu'il ne s'agit pas de déterminer ce qu'est le temps, mais de porter au regard ce qui lui est le plus propre, sa manière de se donner[19].

La phénoménologie husserlienne, prétendant revenir aux « choses elles-mêmes », opérait ce retour par la voie de la réduction de la subjectivité transcendantale purifiant sa relation aux essences des choses en question. L'insolite phénoménologie du vieil Heidegger invite à faire l'économie de la

19. «... wie es Zeit gibt » (« Zeit und Sein », *Zur Sache des Denkens, op. cit.*, p. 5 (on constate aussi, *ibid.*, p. 3 que le projet entend « porter proprement au regard » et, en ce sens, reste phénoménologique); *Questions IV, trad. cit.*, pp. 18, 13.

corrélation entre subjectivité transcendantale et essences, afin de revenir au surgissement même de l'apparaître qui rend possible la relation aux choses. Un lien subsiste chez Heidegger avec la choséité de la chose : la phénoménologie authentique est censée acquérir le regard qui sauvegarde le « comme tel » de la phénoménalité. Se tenir auprès de..., écouter, regarder d'un autre regard : tout cela, comme l'Éveil bouddhique (mais là s'arrête sans doute l'analogie) réclame temps, patience, endurance. Si ce n'est pas une simple attitude correspondant à une formule à l'emporte-pièce, qu'est-ce donc ?

Presque plus une sagesse qu'un savoir. Apprendre à habiter sobrement auprès du surgissement même du temps, de la parole et monde, voilà un « programme » qui n'a strictement plus rien à voir ni avec le progrès de la science ni même avec l'enrichissement du savoir. C'est bien plutôt une éthique du non-savoir, acquise grâce à une traversée herméneutique-critique de la visée épistémique et métaphysique en sa volonté d'objectivation. Est-ce un adieu à cette volonté de savoir ? Ni révolution ni changement de paradigme, cette discrète innovation est faussement modeste : elle entend amorcer, comme Heidegger lui-même l'a suggéré[20], une sortie hors de l'histoire occidentale.

Audace démesurée ou prémonition extraordinairement fine de nos possibles ? Quelle que soit la réponse, on mesure maintenant que le caractère minimal de ce projet (en termes phénoménologiques) a pour revers une considérable ambition de pensée. Et, même si on récuse celle-ci comme démesurée ou déplacée, on doit reconnaître qu'elle ne veut pas *rien* dire ni montrer. Cette « phénoménologie de l'inapparent » ne se réduit pas à un simple appendice de la pensée du second Heidegger. Si elle a un sens et si Heidegger ne s'est pas joué de son auditoire, elle est bien la mise en œuvre d'une nouvelle pensée méditante. S'y essaient des « travaux pratiques » de la pensée du second Heidegger (au même titre

---

20. HEIDEGGER, *Zur Sache des Denkens, op. cit.*, p. 53-54 ; « Protocole d'un séminaire sur la conférence *Temps et être* », *Questions IV, trad. cit.*, p. 87.

que dans les exercices de *Daseinanalyse* du séminaire de Zollikon). Qualifier cette insolite phénoménologie de « minimale » n'est pas la rabaisser. C'est au contraire donner toute sa plénitude de sens à l'essai, si difficile, d'un apprentissage du regard et de l'écoute pour se tenir au plus proche de la phénoménalité. La « phénoménologie de l'inapparent » est une phénoménologie de la proximité. Si un rapprochement avec l'art pictural était éclairant, il faudrait songer beaucoup moins au *minimal art* qu'à la sobriété obstinée de Cézanne devant la montagne Sainte-Victoire ou auprès des rochers de Bibémus. Le « phénoménologue de l'inapparent » n'est plus un spectateur idéal de la vérité du monde et de ses essences : il apprend à habiter le monde à l'aune du retrait des choses.

En ce sens, Heidegger a bien fait fructifier le « possible » de la phénoménologie, d'une manière tout à fait imprévisible du point de vue husserlien, mais également fort éloignée des ambitions de restauration de la philosophie première. Tout se tient chez Heidegger : il n'y a pas à séparer cette phénoménologie tautologique et minimale de la déconstruction de la métaphysique ; c'est la même œuvre qui se poursuit et sans doute plus positivement du côté que nous venons d'inspecter.

Dans quelle mesure cependant sommes-nous en droit d'opérer une troisième différenciation, qualifiée par souci de clarté de « minimaliste »? N'y a-t-il qu'un seul style phénoménologique possible, lors même qu'il faut reconnaître l'inachèvement et la complexité de la déconstruction de la pensée métaphysique ? C'est ce qu'il faut maintenant préciser.

Quel minimalisme ?

Venant d'établir qu'il n'y a pas qu'une seule manière de dégager la recherche phénoménologique d'ambitions récurrentes, fondatrices et / ou totalisatrices, tentons maintenant d'ébaucher quelques orientations significatives du minimalisme que nous voudrions mettre en pratique. Il s'agira moins d'une méthode générale, armée de prescriptions nouvelles, que d'un style qui, tout en faisant sien les acquis des tentatives qui viennent d'être signalées, prolongerait leurs enseignements selon une orientation plus perspectiviste (au sens nietzschéen) que seulement heuristique.

Alors que la visée eidétique entend livrer la quiddité de la chose, en déployer l'essentiel sous l'inspection de l'esprit, et qu'elle voit son ambition généralisée par un projet de constitution universelle, une approche minimaliste des phénomènes recueillera les signes fragiles de leur surgissement et tentera de ne pas étouffer leurs dérobements et leurs singularités sous la recherche méthodique des invariants.

> Un mot – éclat, vol, feu,
> jet de flammes, rayure d'étoiles –,
> et l'ombre de nouveau, immense,
> dans le vide espace autour du monde et de moi[21].

Avant la saisie du concept (et sous elle) se joue cette vibration langagière que Gottfried Benn évoque en un bref poème qui ne peut qu'inspirer une phénoménologie de l'inapparent. Celle-ci ne doit-elle être que tautologique ? Lorsque tel est le cas, nous avons vu la volonté de savoir suspendue au profit d'une écoute d'une mêmeté logée au cœur de la temporalité et de son offrande langagière. En suspendant le jeu des différences, la tautologie radicalise l'*époké*, mais aussi la pétrifie : un don qui ne fait que donner, un temps qui temporalise, une parole qui parle.... L'inapparent se réduit-il à cette pureté originelle du Même ? Ne faut-il pas aussi discerner et écouter le jeu des différences, en leurs dégradés, les articulations du temps, du langage, de la perception, de l'imagination ?

L'inspiration d'une phénoménologie de l'inapparent doit-elle conduire au pied du mur, avec pour seule alternative un « tout ou rien »? Est-il possible de déployer une telle phénoménologie en un sens non tautologique, plus déterminé, plus articulé et renouant, par conséquent, avec l'intelligibilité et avec la connaissance ? Il n'y a pas là seulement une possibilité de principe : ce minimalisme semble avoir déjà été

---

21. Gottfried BENN, 2e strophe du poème « Le mot » (*das Wort*), trad. Dominique PIERSON, citée in HEIDEGGER, *Acheminement vers la parole,* trad. F. FÉDIER, Paris, Gallimard, 1976, p. 161.

amorcé et pratiqué par Merleau-Ponty (et peut-être, en un sens plus crypté, par Wittgenstein[22]).

Le geste initiateur de Merleau-Ponty en la matière est la rupture avec une phénoménologie du Spectacle idéal et total du monde. En un sens, cette déchirure traverse et conditionne toute son œuvre, mais ses présupposés en sont explicités de mieux en mieux dans les derniers écrits. Dans la *Phénoménologie de la perception*, la fécondité de cette rupture est obérée par la fixation d'un concept général de perception et par l'essentialisme qui leste encore – malgré les efforts de Merleau-Ponty pour retrouver l'opacité du monde – les descriptions de la spatialité, du corps et du monde humain. « Le monde est là avant toute analyse que je puisse en faire...[23] »: cette remarque révélatrice entend compenser les défauts d'une phénoménologie excessivement intellectualiste par un *retour* aux visées constituantes, concrètes et incarnées de l'être-dans-le-monde. « À chaque moment mon champ perceptif est rempli de reflets, de craquements, d'impressions tactiles fugaces que je suis hors d'état de relier précisément au contexte perçu et que cependant je place d'emblée dans le monde...[24] » Comment être attentif à ces « reflets », à ces « craquements » sans les étouffer sous le poids et la clarté des noèmes ? Il y a là un souci d'« inapparences » non négligeables auxquelles la pensée phénoménologique semble pouvoir rendre justice ; et, de fait, les recherches du dernier Merleau-Ponty sont ouvertes sur la dimension d'invisibilité du visible et sur ses émergences charnelles.

La vision ne se réduit pas à la saisie des éléments simples et des qualités qui affleurent à sa surface[25]. À cette conception

---

22. Du moins si l'on adopte une version phénoménologique minimaliste de sa grammaire philosophique. Voir, dans cette direction, les suggestions de Gérard Guest dans son essai, « L'image dans le tapis. De l'ockhamisme subtil des *Dictées* à la 'phénoménologie' de Wittgenstein », vol. II des *Dictées de Wittgenstein à Waismann et pour Schlick*, éd. A. Soulez, Paris, P.U.F., 1997, pp. 127-210.

23. Maurice Merleau-Ponty, *Phénoménologie de la perception,* Paris, Gallimard, 1945, p. IV.

24. Id., *ibid.*

25. Voir Maurice Merleau-Ponty, *Notes de cours (1959-1961), op. cit.*, p. 219.

cartésienne, Merleau-Ponty oppose une réappropriation de l'invisibilité charnelle et mouvante. Cette quête incessante et concrète des « formes mères[26] et du chiffre du visible doit se poursuivre grâce à la saisie des empiétements corporels et des rumeurs sociales, autres « inapparences », culturelles cette fois-ci. Ce qui se dessine ainsi est assurément le programme d'une phénoménologie renouvelée, indirecte[27], dont l'inspiration constante et vivante sera moins la puissance mentale d'inspection ou de réduction, que l'intensité d'une attention sensible aux proximités d'abord inaccessibles qui font la richesse de notre être-au-monde. C'est un style d'écoute et de « voyance » qui s'ébauche en pointillé, grâce à un dialogue avec des peintres (Léonard, Cézanne), des poètes (Breton, Michaux) et des écrivains (Proust, Simon) – compagnons assurément inconnus de Husserl.

Style phénoménologique minimaliste en quel sens ? Loin de vouloir couronner ou refermer sur elle-même l'entreprise d'une universelle constitution (ou même d'unifier l'horizon à partir d'une notion-mère censée être la clé de la phénoménalité), il réinterroge l'expérience en ses émergences sensorielles et langagières trop souvent inaperçues, recouvertes aussi bien par la banalité quotidienne que par la transparence conceptuelle. Minimaliste, non certes en ce qu'il voudrait s'en tenir à une sorte de minimum indispensable et définitif en matière de phénoménologie, mais bien plutôt parce qu'il sait qu'une recherche de ce genre ne peut pas plus se donner comme définitive qu'un travail artistique, lequel, loin de l'épuiser ou de le réduire, *traduit* l'inapparent. Ainsi Cézanne disait-il à Gasquet : « Ce que j'essaie de vous traduire est plus mystérieux, s'enchevêtre aux racines mêmes de l'être, à la source impalpable des sensations[28]. »

Il n'est pas indifférent que Heidegger et Merleau-Ponty aient été de grands admirateurs de Cézanne. Lorsque celui-ci

---

26. Voir Léonard DE VINCI, *Traité de la peinture,* éd. CHASTEL, Paris, Club des Libraires de France, 1960, p. 148.

27. Voir Claude LEFORT, Préface à MERLEAU-PONTY, *Notes de cours, op. cit.*, p. 7.

28. Joachim GASQUET, *Cézanne,* Grenoble, Cynara, 1988, p. 134 ; cité par MERLEAU-PONTY, *Notes de cours, op. cit.*, p. 167.

parle à Gasquet de son « sens infini des nuances », de sa lecture de Lucrèce, de son obsession des « assises géologiques[29] », il ne paraît cependant pas replié sur une « tautologie » de style heideggérien avant la lettre. Personne n'ayant le monopole d'une puissante inspiration, reconnaissons seulement ce qu'une phénoménologie renouvelée peut apprendre d'une expérience sensorielle et picturale aussi exceptionnelle que celle de Cézanne.

Ce n'est point un hasard si cette référence s'est imposée et si d'étroites relations sont entretenues entre l'esthétique et les orientations minimalistes de la phénoménologie. Peut-il y avoir une stabilisation du moment phénoménologique sans « tableau » – fût-ce au sens transcendantal ? Terme qui n'est pas à enclore dans des limites représentatives trop étroites[30] (d'ailleurs, très largement déconstruites par l'art pictural contemporain) : « tableau » signifie ici mise en présence / absence, ouverture de perspectives et de visées ou variations, dont l'eidétique n'est qu'une forme. Cela ne signifie pourtant pas qu'une méthode minimaliste ne doive pas se tourner aussi du côté de l'invisible idéel ou culturel, lequel – comme la « petite phrase » de la sonate de Vinteuil – ne se livre pas sans expérience charnelle et même échappe si nous voulons l'en isoler. Les idées, en ce sens, ne constituent pas un arrière-monde : elles offrent, de ce monde, les membrures et les articulations[31].

L'émergence, la délimitation et la tenue mobile d'un tel

29. Id., *ibid.*, pp. 135-136.

30. L'âge moderne (et hypermoderne) est bien celui de la *représentation*, mais sans cesse déplacée, « mobilisée » (au double sens de la mobilité et de la mobilisation), sans cesse relancée par les recherches des plasticiens non moins que par les mutations techniques (l'écran en ses nouvelles fonctions multimédiatiques).

31. Voir les belles pages inspirées par Proust dans « L'entrelacs – le chiasme » et particulièrement cette mise au point : « La littérature, la musique, les passions, mais aussi l'expérience du monde visible, sont non moins que la science de Lavoisier et d'Ampère l'exploration d'un invisible et, aussi bien qu'elle, dévoilement d'un univers d'idées. Simplement, cet invisible-là, ces idées-là ne se laissent pas comme les leurs détacher des apparences sensibles, et ériger en seconde positivité. » (Maurice Merleau-Ponty, *Le visible et l'invisible*, Paris, Gallimard, 1964, p. 196).

horizon étaient-elles déjà essentielles à l'entreprise husserlienne de constitution[32]? Le foyer de la subjectivité transcendantale y était mis en perspective (selon la corrélation noético-noématique) tout en faisant place – à partir des *Ideen II* – aux conditions sensibles de ses présentifications (couches sensibles, « aistheta » dans leur relation au corps propre)[33]. La déconstruction du noyau réflexif (soupçonné d'idéalisme) par le premier Heidegger, par la proto-phénoménologie de Merleau-Ponty, puis par le travail critique du premier Derrida a-t-elle définitivement déstabilisé et même rendu impensable le projet phénoménologique lui-même ? Recueillant les leçons de ces mises au point et ces déplacements, l'orientation minimaliste préserve la possibilité – d'ailleurs diversifiée – de moments phénoménologiques dont l'autonomie de méthode ne devrait pas compromettre le souci d'articulations herméneutiques/critiques.

On a tenté d'y contribuer à propos de la temporalité[34], en critiquant la présomption d'un temps « pur » ou directement « ek-statique », en recueillant les temporalisations au ras de leurs surgissements (traces, gestes, monstrations), dégageant en ceux-ci la « chrono-fiction » transcendantale qui leur est constitutive, laissant enfin le regard phénoménologique ouvert sur les limites de l'apparaître temporel, sans que soient perdues de vue les questions où se noue l'énigme d'être, mais sans transgresser cette délimitation.

Comment poursuivre cette recherche ? Plutôt que de vouloir dresser un programme – ce qui serait à la fois présomptueux et trop rigide –, indiquons encore une piste de recherche dans un domaine qui semble devoir constituer un des terrains de prédilection d'une phénoménologie minimaliste. Il s'agit de l'étroite intrication entre champ perceptif et champ affectif. Aucune chose, à plus forte raison aucune personne, ne se livre à nous dans un état de pure neutralité

---

32. Dont Merleau-Ponty a subtilement analysé le caractère paradoxal en ses *Notes de cours, op. cit.*, p. 69.

33. Voir HUSSERL, *Recherches phénoménologiques pour la constitution*, trad. É. ESCOUBAS, Paris, P.U.F., 1982, en particulier la première section.

34. Dans notre ouvrage *Chronos. Pour l'intelligence du partage temporel, op. cit.*

affective. Aucune phénoménologie du donné ne devrait se contenter de la sécheresse conceptuelle. D'ailleurs – alors que Husserl est plus attentif aux structures générales de la réceptivité perceptive qu'à l'affectivité elle-même[35] –, ni Heidegger, ni Lévinas n'ont ignoré cette coloration émotive de tout abord phénoménal[36]; mais il y a là encore matière à investigation, aussi bien dans l'écoute de la dimension « pathique » et des champs de tension des émotions[37] que dans l'intelligence des « clairs-obscurs » de l'affect où s'ébauche une saisie des valeurs[38]. Le style minimaliste pourrait être relayé, dans le premier cas, par une élaboration clinique et spéculative de la psycho-pathologie, dans le second cas par une réflexion sur la part respective du formel et du « matérial » (au sens de Max Scheler)[39] dans la vie éthique.

La voie minimaliste, ainsi trop brièvement esquissée[40],

---

35. HUSSERL, *Expérience et jugement,* 1ère section ; voir aussi l'étude des kinesthèses dans le Cours de 1907, *Chose et espace,* trad. J.-F. LAVIGNE, Paris, P.U.F., 1989, pp. 189 *sq.* (Husserliana, XVI, pp. 154 *sq.*). Sur le corps et la « somatologie », cf. *Ideen III* (Husserliana V), § 2.

36. Voir, entre autres, chez HEIDEGGER, le § 29 d'*Etre et temps* sur la *Befindlichkeit* (la disponibilité affective), chez LÉVINAS, les pages de *Totalité et infini, op. cit.,* pp. 142-149 sur la sensibilité.

37. Voir, dans cette direction, le livre de Henri MALDINEY, *Penser l'homme et la folie,* Grenoble, Millon, 1991.

38. Je fais ici écho à l'article très fin et suggestif de Jean-Yves LACOSTE, « Du phénomène de la valeur au discours de la norme », *Freiburger Zeitschrift für Philosophie und Theologie,* Bd 44 (1997), Heft 1-2, pp. 87-103. Il n'est sans doute pas indifférent que l'attention phénoménologique du même auteur se porte sur « l'homme minimal » (*Expérience et absolu, op. cit.,* § 69), dénudant l'humanité de l'homme et maintenant « l'écart par rapport à l'initial comme principe herméneutique » (*ibid.,* pp. 123 *sq.*).

39. Max SCHELER, *Le formalisme en éthique et l'éthique matériale des valeurs,* trad. M. DE GANDILLAC, Paris, Gallimard, 1955 ; et ID., *Nature et formes de la sympathie,* trad. M. LEFEBVRE, Paris, Payot, 1950 (en particulier la « Phénoménologie de l'amour et de la haine », pp. 221-241).

40. Il faut aussi signaler la convergence de cette orientation avec les recherches de Marc Richir sur la caractère *inchoatif* du langage phénoménologique ressaisi en ses temporalisations symbolisantes. Comme l'écrit RICHIR (*L'expérience du penser,* Grenoble, Millon, 1996, p. 13) : « Rouvrir les temps et les angles morts pour les aperceptions n'est donc possible que parce que leurs entre-aperceptions sont du même coup entre-aperceptions de langage offrant la ressource de nouvelles transpositions ou de nouveaux passages en

conjure-t-elle cette théologie (ou « théiologie »)[41] plus ou moins négative qui nous semblait accompagner la phénoménologie comme son ombre ou son destin ? Lève-t-elle définitivement cette hypothèque ? Elle ébauche, en tout cas, un retour aux sources de toute phénoménologie digne de ce nom : la redécouverte et l'interrogation de l'apparaître en ses visages comme en ses degrés[42].

S'il est vrai que c'est en s'imposant les contraintes phénoménales les plus strictes que l'œuvre d'art porte l'humain à ses plus hautes possibilités, le travail phénoménologique renouvelé ne devra-t-il pas se faire lui-même art ? Selon cette orientation, et à condition que cet « art » ne se coupe ni de la recherche intellectuelle ni de l'intelligence spéculative, ce ne seraient pas de piètres exigences que celles d'un minimalisme qui reprendrait à son compte, comme Hölderlin le fit en tête de son *Hyperion,* l'épitaphe d'Ignace de Loyola, délestée toutefois de sa chute théologique : « Ne pas être enfermé par le plus grand et n'en tenir pas moins dans les limites du plus petit...[43]»

Bienheureux éclatement ?

Qu'une phénoménologie minimaliste soit possible sous les différentes formes et selon les différents styles qui viennent

---

enchaînements nouveaux d'aperceptions de langue ». Il paraît toutefois douteux qu'une architectonique générale de l'institution symbolique puisse échapper à toute métaphysique.

41. La différence entre les deux termes – suggérée par Jacques DERRIDA (in *La religion, op. cit.,* p. 24) – sépare un discours portant sur « Dieu, la foi ou la révélation », d'une recherche concernant « l'être divin, l'essence et la divinité du divin ».

42. Voir la distinction opérée par MERLEAU-PONTY, (*Notes de cours, op. cit.,* p. 70) entre une « phénoménologie du premier degré (corps et corporéité, *Einfühlung*)» et une phénoménologie « du second degré (réduction à l'immanence de l'esprit) ». Si l'orientation minimaliste recoupe évidemment la phénoménologie du premier degré, elle ne peut s'étendre à la sphère idéelle qu'à la condition de conjurer – comme le suggère Merleau-Ponty – la « naïveté » d'une philosophie du Spectateur idéal.

43. La dernière phrase de l'épitaphe d'Ignace de Loyola est exactement celle-ci : « Non coerceri maximo, contineri minimo, divinum est ».

d'être esquissés (et qui n'excluent pas d'autres formes et d'autres styles), telle est donc la perspective que le présent essai a tenté de ménager.

Encore faut-il qu'une vigilance suffisante soit exercée pour que le projet minimaliste ne se laisse pas compromettre par une tentation dont nous avons constaté la rémanence au sein de la phénoménologie : la réunification du champ d'étude en fonction de la subjectivité transcendantale. Comment éviter que l'immanence se réduise à une feinte ou à un détour de la transcendance – du sujet transcendantal fini ou d'un infini plus ou moins « théologisé »? Il faut prêter attention à une mise en garde qui vient, de manière inattendue, aiguiser la critique déjà adressée[44] au « principe de tous les principes »: « quand l'immanence devient immanence 'à' une subjectivité transcendantale, c'est au sein de son propre champ que doit apparaître la marque ou le chiffre d'une transcendance comme cet acte renvoyant maintenant à un autre moi, à une autre conscience (communication). C'est ce qui se passe avec Husserl et beaucoup de ses successeurs, qui découvrent dans l'Autre, ou dans la Chair, ce travail de taupe du transcendant dans l'immanence elle-même[45]. » Ici viennent se rejoindre et se dénouer les fils du débat amorcé dans le *Tournant théologique* et poursuivi dans le présent essai : il s'agit d'envisager que la phénoménologie puisse enfin et vraiment échapper à cette tendance unificatrice et fondatrice (nouvelle version de l'illusion transcendantale ?) qui lui a fait surinvestir l'immanence par une transcendance qui n'est autre que celle de la subjectivité en ses différents visages, à ses différents niveaux. Est-ce l'inévitable destin de la phénoménologie que ce glissement – subreptice ou explicite, mais tenace – de l'immanent au transcendant (et à la Transcendance), du sens au Sens, de la révélation à la Révélation ? Dès lors, le « vrai tournant » serait moins un détournement théologique d'une phénoménologie existentielle que le retournement de l'immanence phénoménologique sur sa « possibilité

44. Par Heidegger (voir l'ultime note du chap. 3).

45. Gilles Deleuze-Félix Guattari, *Qu'est-ce que la philosophie ?*, Paris, Éditions de Minuit, 1991, p. 48.

la plus accomplie[46] » : la transcendance primordiale (le Sujet – moi ou/et Dieu – comme absolu). L'« impossibilité » de la phénoménologie serait l'aveu de sa possibilité la plus haute : l'accomplissement de l'intentionnalité dans la visée absolue qui la dissout. Vue ingénieuse, mais qui présuppose définitivement acquise et fixe comme exclusive cette « idée de la phénoménologie » que Sartre et Merleau-Ponty ont contribué – mais sans doute incomplètement[47] – à ébranler, déplacer, remettre en jeu : l'unité monumentale de *la* phénoménologie constitutivement condamnée à restaurer l'idéalisme sous une forme plus ou moins explicite, plus ou moins reconnaissable.

S'en tenir à cette unique « idée de la phénoménologie » : voilà qui convient à la fois aux tenants de la phénoménologie comme philosophie première et à leurs adversaires néopositivistes ou « analytiques » (qui préfèrent ne pas y regarder de trop près dans cette philosophie « impossible », c'est-à-dire à leurs yeux fantaisiste et absurde). Réelle ou possible, la phénoménologie ne sera jamais, et c'est heureux, conforme à un modèle (ou à un contre-modèle) idéal. À ceux qui seraient tentés d'oublier ou de sublimer les limites phénoménales, il faudrait rappeler l'avertissement de Kant : « Vouloir réaliser l'idéal dans un exemple, c'est-à-dire dans le phénomène, comme c'est le cas par exemple du sage dans un roman, c'est infaisable...[48] » Eclatée, la phénoménologie n'a ni l'unité ni l'idéalité que d'aucuns lui avaient prêtées.

Mais si la phénoménologie est moins un idéal qu'une pra-

---

46. Voir Éric ALLIEZ, *De l'impossibilité de la phénoménologie, op. cit.*, p. 63.

47. Sartre, refusant que la phénoménologie soit une « doctrine-refuge », restera cependant attaché à la conception d'une conscience certes non solipsiste, mais « condition première et... source absolue d'existence » (voir *La transcendance de l'ego*, Paris, Vrin, 1966, pp. 86-87). Merleau-Ponty, on l'a vu, renouvelle plus profondément les possibles phénoménologiques. Notre réserve, du point de vue minimaliste, porte sur son maintien d'une unification ontologique (*cf.* la « déflagration de l'Être » dans *L'œil et l'esprit*, Paris, Gallimard, 1964, p. 65 ; « le fond de l'être » : *Le visible et l'invisible, op. cit.*, p. 195 ; un « contact avec l'être », *Notes de cours, op. cit.*, p. 69, etc.).

48. E. KANT, *Critique de la raison pure*, trad. Alain RENAUT, Paris, Aubier, 1997, p. 517 (*A 570/ B 598*).

tique, moins une école qu'une inspiration, si cette inspiration revêt une riche et peut-être inépuisable pluralité, il n'y a pas qu'un possible phénoménologique. N'en mesurons pas l'avenir à l'aune de *notre idée* du possible si souvent démentie par l'expérience !

Si l'échec d'un regain minimaliste de la phénoménologie n'est pas plus fatal que la reconduction obstinée des avatars de la philosophie première, on peut espérer pour l'inspiration phénoménologique un avenir encore riche. L'éclatement effectif de possibilités diverses et inédites n'a pu qu'étayer notre hypothèse initiale et nous encourager à soutenir que la phénoménologie éclatée est la phénoménologie vivante en ses styles singuliers. L'orientation minimaliste ne prétend pas être plus qu'un sillon dans ce champ toujours ouvert.

TABLE DES MATIÈRES

DANS LA MEME COLLECTION

KARL OTTO APEL : *Penser avec Habermas contre Habermas*, traduit de l'allemand par *Marianne Charrière.*

KARL OTTO APEL : *Le logos propre au langage humain*, traduit de l'allemand par *Jean-Pierre Cometti & Marianne Charrière.*

JACQUES BOUVERESSE : *Philosophie, mythologie et pseudo-science.* Wittgenstein lecteur de Freud.

JACQUES BOUVERESSE : *La demande philosophique.* Que veut la philosophie et que peut-on vouloir d'elle ? (Leçon inaugurale au Collège de France).

JACQUES BOUVERESSE : *Herméneutique et linguistique*, suivi de *Wittgenstein et la philosophie du langage.*

STANLEY CAVELL : *Une nouvelle Amérique encore inapprochable.* De Wittgenstein à Emerson, traduit de l'anglais (USA) par *Sandra Laugier-Rabaté.*

STANLEY CAVELL : *Statuts d'Emerson.* Constitution, philosophie, politique, traduit de l'anglais (USA) par *C. Fournier et S. Laugier.*

STANLEY CAVELL : *Conditions nobles et ignobles.* La constitution du perfectionnisme émersonien, traduit de l'anglais (USA) par *Christian Fournier et Sandra Laugier.*

FABIEN CAYLA: *Routes et déroutes de l'intentionnalité.* La correspondance R. Chisholm - W. Sellars.

CHRISTIANE CHAUVIRÉ: *Hofmannsthal et la métamorphose.* Variations sur l'opéra.

EROS CORAZZA, JÉROME DOKIC : *Penser en contexte.* Le phénomène de l'indexicalité.

DONALD DAVIDSON : *Paradoxes de l'irrationalité*, traduit de l'anglais (USA) et présenté par Pascal Engel.

DENIS FISETTE : *Lecture frégéene de la phénoménologie.*

MANFRED FRANK, ALEXIS PHILONENKO, JEAN-PAUL LARTHOMAS : *Sur la troisième critique.* Textes présentés et rassemblés par *Dominique Janicaud.*

ALDO G. GARGANI : *La phrase infinie de Thomas Bernhard*, traduit de l'italien par *Jean-Pierre Cometti.*

NELSON GOODMAN & CATHERINE ELGIN : *Esthétique et connaissance.* Pour changer de sujet, traduit de l'anglais (USA) et présenté par *Roger Pouivet.* (épuisé).

NELSON GOODMAN : *L'art en théorie et en action,* traduit de l'anglais (USA) et présenté par *Jean-Pierre Cometti & Roger Pouivet.*

ADOLF GRÜNBAUM : *La psychanalyse à l'épreuve,* traduit de l'anglais (USA) par *Joëlle Proust.*

IAN HACKING : *Le plus pur nominalisme.* Vleu et usages de vleu. L'énigme de Goodman, traduit de l'anglais (USA) par *Roger Pouivet.*

JAAKKO HINTIKKA : *La vérité est-elle ineffable* ? traduit de l'anglais par *Antonia Soulez & François Schmitz.*

DOMINIQUE JANICAUD : *Le tournant théologique de la phénoménologie française.*

JERROLD LEVINSON : *L'art, la musique et l'histoire,* traduit de l'anglais par *Jean-Pierre Cometti & Roger Pouivet.*

IRIS MURDOCH : *La souveraineté du bien,* traduit de l'anglais et présenté par *Claude Pichevin.*

THOMAS NAGEL : *Qu'est-ce que tout cela veut dire.* Une très brève introduction à la philosophie, traduit de l'anglais (USA) par *Ruwen Ogien.*

RUWEN OGIEN : *Un portait logique et moral de la haine.*

SIR KARL POPPER : *Un Univers de Propensions.* Deux études sur la causalité et l'évolution, traduit de l'anglais et présenté par *Alain Boyer.*

HILARY PUTNAM : *Définitions.* Pourquoi ne peut-on pas naturaliser la raison?, traduit de l'anglais (USA) et présenté par *Christian Bouchindhomme.*

HILARY PUTNAM : *Philosophie de la logique,* traduit de l'anglais (USA) par *Patrick Peccatte.*

RICHARD RORTY : *Science et solidarité.* La vérité sans le pouvoir, traduit de l'anglais (USA) par *Jean-Pierre Cometti.*

JOHN R. SEARLE : *Pour réitérer les différences.* Réponse à J. Derrida, traduit de l'anglais (USA) par *Joëlle Proust.*

JOHN R. SEARLE : *Déconstruction.* Le langage dans tous ses états, traduit de l'anglais (USA) et présenté par *Jean-Pierre Cometti.*

WILFRID SELLARS : *Empirisme et philosophie de l'esprit,* traduit de l'anglais par *Fabien Cayla.* Préface de *Richard Rorty.*

RICHARD SHUSTERMANN : *Sous l'interprétation,* traduit de l'anglais (USA) par *Jean-Pierre Cometti.*

PAOLO VIRNO : *Opportunisme, cynisme et peur.* Ambivalence du désenchantement, *suivi de* Les labyrinthes de la langue, traduit de l'italien par *Michel Valensi.*

PAOLO VIRNO : *Miracle, virtuosité et "déjà vu".* Trois essais sur l'idée de "Monde", traduit de l'italien par *Michel Valensi.*

BERNARD VOUILLOUX : *Langages de l'art et relations transesthétiques.*

Catalogue complet sur demande
à
ÉDITIONS DE L'ÉCLAT
41, RUE BASFROI
F. 75011 PARIS

ACHEVÉ D'IMPRIMER
SUR LES PRESSES DE
L'IMPRIMERIE FRANCE QUERCY
113, RUE ANDRÉ BRETON
46001 CAHORS
D'APRES MONTAGES ET GRAVURE
NUMÉRIQUES
(COMPUTER TO PLATE)

DÉPOT LÉGAL MARS 1998
N° D'IMPRESSION : 80294